中等职业学校物流服务与管理专业教学用书

电子商务与物流管理

第3版

主　编　梅　焰
副主编　沈仁良
参　编　覃　勇　谢　琼

机械工业出版社

本书介绍了电子商务基础知识，物流基本概念，电子商务物流系统，电子商务物流过程，电子商务物流技术，电子商务物流配送，电子商务物流管理等相关知识。通过对本书的学习，学生了解电子商务的基本概念，了解电子商务和物流管理的关系，掌握物流在电子商务中的作用。本书通过大量案例进行分析，理论实践相结合，基础知识和实务操作技能并举，有利于指导学生学习。

本书可作为中等职业学校物流服务与管理专业的教材，也可供从事职业培训、物流企业管理的人员参考。

图书在版编目（CIP）数据

电子商务与物流管理/梅焰主编. —3版. —北京：机械工业出版社，2016.6（2023.8重印）
中等职业学校物流服务与管理专业教学用书
ISBN 978-7-111-52530-1

Ⅰ.①电… Ⅱ.①梅… Ⅲ.①电子商务-物流-物资管理-中等专业学校-教学参考资料 Ⅳ.①F713.36 ②F252

中国版本图书馆CIP数据核字（2015）第307880号

机械工业出版社（北京市百万庄大街22号 邮政编码100037）
策划编辑：朱 华 责任编辑：周晓伟 王 辙
责任校对：朱晓果 封面设计：陈 沛
责任印制：郜 敏
北京富资园科技发展有限公司印刷
2023年8月第3版第7次印刷
184mm×260mm · 10.5印张 · 237千字
标准书号：ISBN 978-7-111-52530-1
定价：29.80元

中等职业学校物流服务与管理专业教学用书
编审委员会

前言

中等职业学校物流服务与管理专业教学用书自2004年出版以来，经过2008年的修订，内容不断充实和完善，深受广大师生和业界读者的欢迎，取得了较好的社会效益。

在本套教材多年的使用、实践过程中，我们对物流企业的岗位技能要求及用人需要做了深入的调查和了解，广泛收集了各院校和读者对本套教材的反馈意见和建议，深感有必要在新形势下对本套教材从结构到内容方面进行调整和修订，以使本套教材更能适应物流行业对人才的实际要求，更方便广大师生使用，更适合职业院校学生的培养目标和教学特点。

于是，在第2版的基础上，我们充分借鉴和吸收国内外物流学的基本理论和最新研究成果对本套教材做了新的全面的修订。修订后的教材密切结合我国物流业的发展与物流职业教育的实际，充分体现"以学生为主体""以能力为本位"和"以就业为导向"的理念；按照人才培养目标与物流服务岗位能力培养的要求，参照物流职业资格标准，突出岗位能力和职业素质培养；淡化专业基础、专业理论与专业实训内容的界限，按照物流服务活动相关流程工作岗位的要求重组课程体系和课程内容；在课程内容设计上，依据物流技术标准和物流工作岗位所需掌握的知识、技能、素质，制订全新的课程标准和教材内容。

同时，在每个单元前面增设"知识目标"和"技能目标"，使读者能简明扼要地了解需要掌握的知识点和应该学会的技能；在进入新内容之前有"案例导入"作铺垫，增加了教材的趣味性。每单元后增加了"技能训练"，内容包括任务描述、任务准备、任务实施、任务评价、任务小结、任务拓展，通过完成任务的过程，让学生将所学知识融入到实践中去，做到学以致用，以增强学生实际工作的能力。

《电子商务与物流管理》第3版由梅焰任主编，沈仁良任副主编。编写分工为：沈仁良编写单元一和单元八；梅焰编写单元二、单元三、单元六和单元七；覃勇编写单元四；谢琼编写单元五。

本套教材在编写过程中，参考和引用了许多专家和学者的研究成果，在此谨对这些专家和学者们表示衷心的感谢，有些资料的引用由于疏忽未注明出处，编者在此表示歉意。

由于编者水平有限，书中难免有不妥之处，敬请广大专家和读者批评指正。

编　者

目录

单元一　电子商务与物流管理概述

知识目标

学生通过学习电子商务的概念、特点及分类，了解现代化物流在电子商务活动中的重要作用，了解电子商务下物流的特点以及电子商务下物流企业的发展方向，掌握电子邮件的注册、通讯录的设置和群发邮件的方法，能够在网上书店购买书籍。

技能目标

- 理论要求：能很好地运用电子商务和物流管理理论，完成电子邮件的使用和网上书店的采购活动。
- 方法要求：熟悉电子邮件的注册及使用，掌握“当当书店”的注册、站内搜索和下订单、取消订单。

问题导入

什么是电子商务？
什么是物流管理？
它们有什么关系？

课题一　电子商务的基本概念

一、电子商务的概念与特点

1. 电子商务的概念

1997年11月国际商会于巴黎举行了世界电子商务会议，对电子商务的概念进行了最有权威的阐述：电子商务是指实现整个贸易过程中各阶段的贸易活动的电子化。欧洲议会关于“电子商务欧洲动议”给出的定义是：“电子商务是通过电子方式进行的商务活动。它通过电子方式处理和传递数据，包括文本、声音和图像。”

> **小资料**
>
> 美国学者瑞维·卡拉克塔和安德鲁·B·惠斯顿在《电子商务的前沿》一书中提出：“广义地讲，电子商务是一种现代商业方法。这种方法通过改善产品和服务质量、提高服务传递速度，来满足政府组织、厂商和消费者的降低成本的需求。”

上述各种定义虽然不尽相同，但只是人们从不同角度各抒己见。电子商务从广义和狭义两方面可以归纳为：

1）广义的电子商务（Electronic Business，EB）是指各行各业，包括政府机构和企业、事业单位各种业务的电子化、网络化，也可称作电子业务，包括电子商务、电子政务、电子军务、电子医务、电子事务、电子家务等。

2）狭义的电子商务（Electronic Commerce，EC）是指人们利用电子化手段进行以商品交换为中心的各种商务活动，是公司、厂家、商业企业、工业企业与消费者个人的交易，双方或各方利用计算机网络进行的商务活动，也可称作电子交易，包括电子商情、电子广告、电子合同、电子购物、电子交易、电子支付、电子转账、电子结算、电子商场、电子银行等不同层次、不同程度的电子商务活动。

2. 电子商务的特点

电子商务与传统的商务活动比较具有以下几个特点：

（1）交易虚拟化　通过以Internet（因特网）为代表的计算机网络进行的贸易，贸易双方从贸易磋商、签订合同到支付等，无须当面进行，均通过互联网络完成，整个交易完全虚拟化。对卖方来说，可以到网络管理机构申请域名，制作自己的主页，组织产品信息上网。而虚拟现实、网上聊天等新技术的发展使买方能够根据自己的需求选择产品，并将信息反馈给卖方。通过信息的推拉互动，签订电子合同，完成交易并进行电子支付。整个交易都在网络这个虚拟的环境中进行。

（2）交易成本低　电子商务使得买卖双方的交易成本大大降低，具体表现为买卖双方通过网络进行商务活动，无须中介者参与，减少了交易的有关环节。卖方可通过互联网络进行产品介绍、宣传，避免了在传统方式下做广告、发印刷宣传品等大量费用。电子商务实行“无纸化贸易”、“无纸化办公”，可减少文件处理费用。互联网使买卖双方即时沟通共需信息，使无库存生产和无库存销售成为可能，从而使库存成本降为零。

（3）交易效率高　由于互联网络将贸易中的商业报文标准化，使商业报文能在世界各地瞬间完成传递，计算机在最短的时间内自动处理原料采购、产品生产、需求与销售、银行汇兑、保险、货物托运及申报等过程，无须人员干预。电子商务克服了传统贸易方式费用高、易出错、处理速度慢等缺点，极大地缩短了交易时间，使整个交易非常快捷与方便。

> 知识卡
>
> **无纸化办公**
>
> 企业利用内部网（Intranet）可实现“无纸化办公”，提高内部信息传递的效率，节省时间，并降低管理成本。

（4）交易透明化　买卖双方从交易的洽谈、签约到货款的支付、交货通知等整个交易过程都在网络上进行。通畅、快捷的信息传输可以保证各种信息之间互相核对，可以防止伪造信息的流通。

二、电子商务的分类及其服务内容

1. 按照交易对象分类

按照交易对象分类，电子商务大致可以分为企业与消费者间的电子商务、企业与企业间的电子商务、消费者与消费者之间的电子商务和企业与政府间的电子商务等。

（1）企业与消费者间的电子商务（Business to Consumer，B2C）　企业对消费者的交易很大程度上就是电子零售。网上零售是随着 Web 的出现而迅速发展起来的，现在互联网上已经有成千上万个网上购物场所，比如卓越网（图 1-1）主要就是为个人消费者提供图书、光盘、鲜花、汽车等各种消费品和服务。

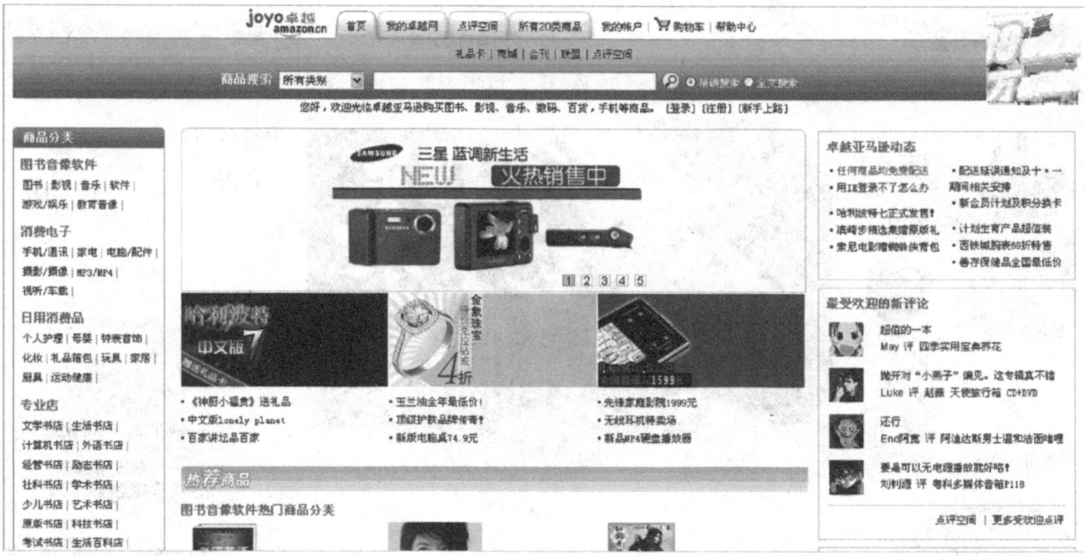

图 1-1 joyo 卓越网网站主页

（2）企业与企业间的电子商务（Business to Business，B2B） 企业对企业的电子商务就是企业与企业之间的交易，比如一个公司通过互联网向它的供货商订货，神州数码公司就是通过“e-brige”（网址 www. e-brige. com. cn）网站为代理商提供 IT 产品的。

（3）消费者与消费者之间的电子商务（Consumer to Consumer，C2C） C2C电子商务主要是消费者与消费者之间的交易，这类网站为消费者之间提供一个平台，如易趣网（图 1-2）主要就是为个人消费者提供拍卖等商机信息服务的。

动脑筋

C2C 电子商务还有哪些网站？
B2C 电子商务还有哪些网站？

（4）企业与政府之间的电子商务（Business to Government，B2G） 企业与政府之间的电子商务涵盖了政府与企业间的各项事务，包括政府采购、税收、商检、管理条例的发布和法规政策的颁布等。目前我国有些地方政府已经推行网上采购。

2. 按照商业活动内容分类

按照商务活动内容分类可以分为完全电子商务和不完全电子商务。

（1）完全电子商务 即可以完全通过电子商务方式实现和完成整个交易过程的交易。一般指包括软件、电影、音乐、电子读物、信息服务等可以数字化的无形商品，通过网络就可以将商品直接送到购买者手中。电子商务完全可以在网络上实现无形商品的交易。

（2）不完全电子商务 即指无法完全依靠电子商务方式实现和完成完整交易过程的交易，它需要依靠一些外部要素，如运输系统等来完成交易。一般指实体类有形商品，这类商

图1-2　易趣网网站主页

品的信息流和资金流可以完全实现网上传输，但交易的商品必须通过某种运输方式送达指定地点。

3. 按照使用网络类型分类

根据开展电子商务业务的企业所使用的网络类型框架的不同，电子商务可以分为如下三种形式：

（1）EDI网络（Electronic Data Interchange，电子数据交换）电子商务　EDI主要应用于企业与企业、企业与批发商、批发商与零售商之间的批发业务。

（2）内联网络（Intranet）电子商务　内联网络电子商务是指在一个大型企业的内部或一个行业内开展的电子商务活动。例如中华人民共和国专利局的主页，客户在该网站上可以查询到有关中国专利的所有信息和业务流程。

（3）因特网（Internet）电子商务　因特网电子商务是指利用连通全球的Internet网络开展的电子商务活动。

> 知识卡
>
> **EDI**
>
> EDI是按照一个公认的标准和协议，将商务活动中涉及的文件标准化和格化式，通过计算机网络，在贸易伙伴的计算机网络系统之间进行数据交换和自动处理。

三、电子商务的基本业务流程

1. 网络商品直销

网络商品直销是指消费者和生产者或者需求方和供应方直接利用网络形式所开展的买卖活动，B2C 电子商务基本属于网络商品直销的范畴。这种交易的最大特点是供需直接见面，环节少，速度快，费用低。

2. 企业间网络交易

企业间网络交易是 B2B 电子商务的一种基本形式。交易从寻找和发现客户出发，企业利用自己的网站或网络服务商的信息发布平台发布买卖、合作、招投标等商业信息。借助 Internet 超越时空的特性，企业可以方便地了解到世界各地其他企业的购买信息，同时也有随时被其他企业发现的可能。通过商业信用调查平台，买卖双方可以进入信用调查机构申请对对方的信用调查。通过产品质量认证平台，可以对卖方的产品质量进行认证；然后在信息交流平台上签订合同，进而实现电子支付和物流配送；最后是销售信息的反馈，完成整个 B2B 的电子商务交易流程。

四、现代物流是实现电子商务的保证

1. 电子商务强调信息流、商流、资金流和物流的整合

物流是实现电子商务的重要环节和基本保证。

2. 对于任何企业而言物流都是十分重要的

现代物流作为一种先进的组织方式和管理技术，已经被认为是企业在降低物资消耗、提高劳动生产率以外重要的“第三利润源”。

3. 在电子商务背景下物流必须服务于商流

在电子商务下，消费者通过网上购物，完成了商品所有权的交割过程，即商流过程。但电子商务的活动并未结束，只有商品或服务真正转移到消费者手中，商务活动才告以终结。在整个电子商务的交易过程中，物流实际上是以商流的后续者和服务者的姿态出现的。没有现代化的物流，电子商务难以实现。

> 知识卡
>
> **第三利润源**
>
> 所谓第三利润源是相对第一利润源和第二利润源而言的。第一利润源是针对以“降低生产成本，节约物化劳动消耗”为途径，实现利润最大化；第二利润源是针对以“提高劳动效率，降低劳动消耗”为途径，实现利润最大化；第三利润源主要是针对以“降低物流费用”为途径，实现利润最大化，因此人们又把现代物流管理称为第三利润源。

4. 物流是实现“以顾客为中心”理念的根本保证

现代物流是电子商务的重要组成部分。我们要改变以前只重视电子商务发展而忽视物流现代化的观念，大力发展现代化物流，才能进一步推广电子商务。

知识检验

一、单项选择题

1.（　　）是指可以完全通过电子商务方式实现和完成整个交易过程的交易。

A. 完全电子商务　　B. 不完全电子商务

C. EDI 网络电子商务　　D. 内联网络电子商务

2. (　　)是指消费者和生产者或者需求方和供应方，直接利用网络形式所开展的买卖活动。

A. 企业间网络交易　　B. 网络商品直销

C. 不完全电子商务　　D. 内联网络电子商务

3. (　　)主要应用于企业与企业、企业与批发商、批发商与零售商之间的批发业务。

A. EDI　　B. Intranet　　C. Internet　　D. 增值网

4. 企业与政府之间的电子商务，简称(　　)电子商务。

A. B2G　　B. B2B　　C. B2C　　D. C2C

二、判断题

1. 传统的商务活动具有交易虚拟化的特点。(　　)

2. 电子商务使得买卖双方的交易成本大大降低，具体表现为买卖双方通过网络进行商务活动，无须中介者参与，减少了交易的有关环节。(　　)

3. 狭义的电子商务（Electronic Business，EB）是指各行各业，包括政府机构和企业、事业单位各种业务的电子化、网络化，可称作电子业务，包括电子商务、电子政务、电子军务、电子医务、电子事务、电子家务等。(　　)

4. 网络商品直销的最大特点是供需直接见面，环节少，速度快，费用低。(　　)

三、简答题

1. 电子商务与传统的商务活动比较具有什么特点？

2. 电子商务的基本业务流程是什么？

课题二　物流的基本概念

一、物流概念的产生与发展

1. 物流的概念

1935年，美国市场营销协会最早对物流进行了定义：“物流（Physical Distribution）是包含于销售之中的物质资料和服务，与从生产地到消费地点流动过程中伴随的种种活动。”

物流可以从不同角度进行定义，在国际上，最普遍采用的是美国物流管理协会（Council of Logistics Management）的定义：“物流是为满足消费者需求而进行的对货物、服务及相关信息从起始地到消费地有效率及效益的流动与存储的计划、实施和控制的过程。”

2. 物流的发展

物流（Physical Distribution）一词最早出现于美国，1915年阿奇·萧在《市场流通中的若干问题》一书中提到物流一词，并指出“物流是与创造需要不同的一个问题”。因为在20世纪初，西方一些国家已经出现生产大量过剩、需求严重不足的经济危机，企业因此提出了销售和物流的问题，此时的物流指的是销售过程中的物流。

二次世界大战中，围绕战争供应，美国军队建立了“后勤”（Logistics）理论，并将其用于战争活动中。其中所提出的“后勤”是指将战时物资生产、采购、运输、配给等活动作为一个整体进行统一布置，以求战略物资补给的费用更低、速度更快、服务更好。后来“后勤”一词在企业中广泛应用，又有商业后勤、流通后勤的提法，这时的后勤包含了生产过程和流通过程的物流，因而是一个包含范围更广泛的物流概念。现在欧美国家把物流称作Logistics的多于称作Physical Distribution的。Logistics包含生产领域的原材料采购、生产过程中的物料搬运与厂内物流和流通过程中的物流或销售物流，即Physical Distribution，可见其外延更为广泛。

小资料

物流概念主要通过两条途径从国外传入我国，一条途径是在20世纪80年代初随“市场营销”理论的引入而从欧美传入Physical Distribution这两个单词，直译为中文即为“实体分配”或“实物流通”。另一条途径Physical Distribution从欧美传入日本，日本人将其译成日文“物流”，20世纪80年代初，我国从日本直接引入“物流”这一概念。

二、物流的功能和构成要素

1. 物流活动的构成要素

物流系统的功能要素指的是物流系统所具有的基本能力，这些基本能力有效地组合、联结在一起，便成了物流的总功能，便能合理、有效地实现物流系统的总目的。物流系统的功能要素一般认为有运输、储存保管、包装、装卸搬运、流通加工、配送、物流信息等。

（1）运输　运输功能是物流的主要功能之一。运输是用设备和工具，将物品从一地点向另一地点运送的物流活动。其中包括集货、分配、搬运、中转、装入、卸下、分散等一系列操作。它是“第三利润源 ”的主要源泉。运输的形式主要有铁路运输、公路运输、水上运输、航空运输和管道运输五种方式。运输是社会物质生产的必要条件之一。运输是国民经济的基础和先行。

由于运输是物流中最重要的功能要素之一，物流合理化在很大程度上依赖于运输合理化。运输合理化的影响因素很多，起决定性作用的有运输距离、运输环节、运输工具、运输时间、运输费用五方面的因素，称作合理运输的“五要素”。

（2）储存保管　储存保管是指对物品（商品、货物、零部件等）的保存与管理。具体来说是在保证物品的品质和数量的前提下，依据一定的管理规则，在一定的期间内把物品存放在一定的场所的活动，它是物流系统的一个重要组成部分。

在物流管理过程中，储存保管具有时间调整、价格调整、服务支持、配送分类、运输及仓库组合、生产支持、营运和保值等功能。

现代储存保管的基本任务是：根据物品本身的特性及其变化规律，合理规划并有效利用现有仓储设施，采取各种行之有效的技术与组织措施，确保库存物品的质量与安全，并为物流的其他活动提供服务与支持。

（3）包装　包装指物品在运输、保管、交易、使用时，为保持物品的价值、性状，使用适当的材料、容器进行保管的技术和被保护的状态。包装为物流系统的构成要素之一，与运输、保管、搬运、流通加工均有十分密切的关系。包装是生产的终点，同时又是物流的起点。

按功能对包装进行分类，可分为工业包装和商业包装。

（4）装卸搬运　装卸指物品在指定地点以人力或机械装入运输设备或卸下。搬运指在同一场所内，对物品进行水平移动为主的物流作业。

合理搬运是提高物流效率的重要手段之一。在搬运过程中应该做到不要做多余的作业，提高

知识卡

搬 运 作 业

搬运作业有六个方面：装卸、搬运、堆码、取出、分类、理货。

搬运活性，利用重力，机械化，使流程不受阻滞，单元货载，系统化。

（5）流通加工　流通加工指物品在从生产地到使用地的过程中，根据需要施加包装、分割、计量、分拣、刷标志、拴标签、组装等简单作业的总称。

流通加工的内容有食品的流通加工、消费资料的流通加工和生产资料的流通加工。

2. 物流活动的性质

一个典型的现代物流活动由关键性物流活动和支持性物流活动组成。

1）关键性物流活动包括客户服务标准、运输、库存管理、信息流动和订单处理。

2）支持性物流活动包括仓储、物料搬运、采购、保护性包装和信息维护。

3. 物流系统化

（1）物流系统的组成　物流系统由“物流作业系统”和“物流信息系统”两个分系统组成。

1）物流作业系统：在运输、保管、搬运、包装、流通加工等作业中使用种种先进技能和技术，并使生产据点、物流据点、输配送路线、运输手段等网络化，以提高物流活动的效率。

2）物流信息系统：在保证订货、进货、库存、出货、配送等信息通畅的基础上，使通信据点、通信线路、通信手段网络化，提高物流作业系统的效率。

（2）物流系统化的目的　物流系统化的目的在于以速度、可靠、低费用的三原则，即以最少的费用提供最好的物流服务。即：

1）按交货期将所订货物适时而准确地交给用户。

> 知识卡
>
> **物流信息系统**
>
> 支持物流系统的信息流动系统，即物流信息系统。

2）尽可能地减少用户所需的订货断档。

3）适当配置物流据点，提高配送效率，维持适当的库存量。

4）提高运输、保管、搬运、包装、流通加工等作业效率，实现省力化、合理化。

5）保证订货、出货、配送的信息畅通无阻。

6）使物流成本降到最低。

三、现代物流管理特征

现代物流是与现代化社会大生产紧密联系在一起的，体现了现代企业经营和社会经济发展的需要。在现代物流管理和运作当中，广泛采用了代表着当今生产力发展水平的管理技术、工程技术以及信息技术等。随着时代的进步，物流管理和物流活动的现代化程度也会不断提高。现代物流的特征可以概括为以下几个方面：

1. 物流反应快速化

物流服务提供者对上游、下游的物流、配送需求的反应速度越来越快，前置时间越来越短，配送间隔越来越短，配送速度越来越快，商品周转次数越来越多。

2. 物流功能集成化

现代物流着重于将物流与供应链的其他环节进行集成，包括物流渠道与商流渠道的集成、物流渠道之间的集成、物流功能的集成、物流环节与制造环节的集成等。

3. 物流服务系列化

现代物流强调物流服务功能的恰当定位与完善、系列化。除了传统的仓储、运输、包装、流通加工等服务外，现代物流服务在外延上向上扩展至市场调查与预测、采购及订单处理，向下延伸至配送、物流咨询、物流方案的选择与规划、库存控制策略建议、货款回收与结算、教育培训等增值服务；在内涵上则提高了以上服务对决策的支持作用。

4. 物流作业规范化

现代物流强调功能、作业流程、作业动作的标准化与程式化，使复杂的作业变成简单的易于推广与考核的动作。

5. 物流目标系统化

现代物流从系统的角度统筹规划一个公司整体的各种物流活动，处理好物流活动与商流活动及公司目标之间、物流活动与物流活动之间的关系，不求单个活动的最优化，但求整体活动的最优。

6. 物流手段现代化

现代物流使用先进的技术、设备与管理为销售提供服务。例如全球定位系统、卫星通信、射频识别装置、机器人，还有计算机技术、通信技术、机电一体化技术、语音识别技术等得到普遍应用，实现了自动化、机械化、无纸化和智能化。

7. 物流组织网络化

为了保证对产品销售提供快速、全方位的物流支持，现代物流需要有完善、健全的物流网络体系，网络上点与点之间的物流活动保持系统性、一致性，这样可以保证整个物流网络有最优的库存总水平及库存分布，运输与配送快速、机动，既能铺开又能收拢。分散的物流单体只有形成网络才能满足现代化生产与流通的需要。

8. 物流经营市场化

现代物流的具体经营采用市场机制，无论是企业自己组织物流，还是委托社会化物流企业承担物流任务，都以“服务—成本”的最佳配合为总目标，谁能提供最佳的“服务—成本”组合，就找谁服务。

9. 物流信息电子化

由于计算机信息技术的应用，现代物流过程的可见性明显增加，物流过程中库存积压、延期交货、送货不及时、库存与运输不可控等风险大大降低，从而可以加强供应商、物流商、批发商、零售商在组织物流过程中的协调与配合，以及对物流过程的控制。

四、物流的作用和地位

物流是经济社会这个大系统中的一个重要子系统，它与经济社会发展的关系极为密切。物流成为一个独立的经济过程，是经济社会发展的必然结果；反过来物流自身的不断发展也取决于经济社会发展的程度。在社会主义市场经济条件下，经济社会发展离不开物流，市场经济越发达，物流的作用无论从微观经济的运行上还是从宏观经济的运行上，都显得更为重要。

> **议一议**
>
> **现代物流在国民经济发展中的作用与地位**
>
> 它主要表现在三个方面：
>
> 1）是国民经济的支柱产业和新的经济增长点。
>
> 2）是流通业的物质基础。
>
> 3）是企业的第三利润源。

知识检验

一、单项选择题

1. (　　)有六个方面：装卸、搬运、堆码、取出、分类、理货。

A. 包装作业　　B. 保管作业　　C. 运输作业　　D. 搬运作业

2. (　　)是用设备和工具，将物品从一地点向另一地点运送的物流活动。其中包括集货、分配、搬动、中转、装入、卸下、分散等一系列操作。

A. 包装　　B. 保管　　C. 运输　　D. 搬运

3. 关键性物流活动包括客户服务标准、运输、(　　)、信息流动和订单处理。

A. 仓储　　B. 保护性包装　　C. 库存管理　　D. 信息维护

4. 物流作业系统在(　　)、保管、搬运、包装、流通加工等作业中使用种种先进技能和技术，并使生产据点、物流据点、输配送路线、运输手段等网络化，以提高物流活动的效率。

A. 运输　　B. 进货　　C. 库存　　D. 订货

二、判断题

1. 运输具有时间调整、价格调整、服务支持、配送分类、运输及仓库组合、生产支持、营运和保值等功能。(　　)

2. 物流系统化的目的在于以速度、可靠、高费用的三原则，即以最多的费用提供最好的物流服务。(　　)

3. 运输的形式主要有铁路运输、公路运输、水上运输、航空运输和管道运输 5 种方式。(　　)

4. 物流系统化的目的在于以速度、可靠、低费用的三原则，即以最少的费用提供最好的物流服务。(　　)

三、简答题

1. 物流活动的构成要素有哪些？

2. 现代物流管理特征是什么？

课题三　电子商务与物流的关系

一、物流在电子商务中的重要性

1. 物流是电子商务的重要组成部分

> **想一想**
>
> 为什么缺少了现代化的物流，电子商务过程就不完整？

电子商务是集信息流、商流、资金流、物流为一身的整个贸易过程。电子商务过程的实现，需要上述“四流”的协调和整合。信息流自始至终贯穿整个交易过程，它提供包括诸如商品和服务的信息、促销行情的信息；商流是指商品在购、销之间进行交易和商品所有权转让的过程；资金流主要是指交易资金的安全程度，具体包括付款、转账和结账等过程，它涉及整个交易的安全程度。随着信息技术的发展和网上银行的出现，信息流、商流和资金流已经可以实现快速流动；而物流作为电子商务实现过程中一个必不可少的实物流环节，具体包括诸如物品的储运、包装、运输配送和装卸检验等各项活动。它直接服务于最终顾客，物流服务水平的高低决定了顾客的满意程度，同时也决定了电子商务能否成功实现。物流（当然是现代化物流）是电子商务的重要组成部分。

2. 物流是实现电子商务的保证

在电子商务中，商品所有权在点击购销合同的那一刻起，便以商流的形式由卖方转移到买方，但商品实体并没有因此而自动转移。在买方通过上网点击完成商流过程后，电子商务的过程并未结束，只有商品和服务真正转移到买方手中，商务过程才告以终结。没有现代化的物流支持，电子商务给消费者带来的购物便捷就等于零，任何轻松点击的商务活动都是纸上谈兵。

目前，物流已成为我国电子商务发展过程的“瓶颈”。我们应大力发展物流产业，以促进电子商务的更好发展。

二、电子商务对物流的影响

电子商务和物流作为现代流通的两大手段，相互之间有着密切的联系。当前电子商务的兴起，对传统物流组织产生了极大的影响。

1. 电子商务对物流的影响

在电子商务时代，物流业会越来越强化，必须承担更重要的任务：既要把虚拟商店的货物送到用户手中，也要从生产企业及时进货入库。物流公司既是生产企业的仓库，又是用户的实物供应者。物流企业成了代表所有生产企业及供应商对用户的唯一最集中、最广泛的实物供应者。物流业成为社会生产链条的领导者和协调者，为社会提供全方位的物流服务。可见，电子商务对现代物流具有重大的影响，它把物流业提升到了前所未有的高度，为其提供了空前发展的机遇。

2. 电子商务条件下物流的特点

（1）物流业的地位大大提高　电子商务是一次高科技和信息化的革命。它把商务、广告、订货、购买、支付、认证等实物和事务处理虚拟化、信息化，使它们变成脱离实体而能在计算机网络上处理的信息，又将信息处理电子化，强化了信息处理，弱化了实体处理，这必然导致产业大重组。物流企业会越来越强化，是因为在电子商务环境里物流企业必须承担更重要的任务：既要把虚拟商店的货物送到用户手中，还要从生产企业及时进货入库。

（2）供应链管理的变化

> **知识卡**
>
> **供应链管理**
>
> 供应链管理的基本内容：将供应商、制造商、分销商、零售商等主体集成为一个网络，对这些具有不同的目标主题之间的行为进行计划、协调、操作、控制和优化，使企业能以最低的成本在准确的时间和准确的地点将准确的产品送到客户手中。

1）供应链短路化。在传统的供应链渠道中，产品从生产企业流到消费者手里要经过多层分销商，流程很长，由此产生了很多问题。现在电子商务缩短了生产厂家与最终用户之间供应链上的距离，改变了传统市场的结构。企业可以通过自己的网站绕过传统的经销商与客户直接沟通。虽然目前很多非生产企业的商业网站继续充当了传统经销商的角色，但由于它们与生产企业和消费者都直接互联，只是一个虚拟的信息与组织中介，不需要设置多层实体分销网络（包括人员与店铺设施），也不需要存货，因此仍然降低了流通成本，缩短了流通时间，使物流径路短路化。

2）供应链中货物流动方向由“推动式”变成“拉动式”。传统的供应链由于供销之间的脱节，供应商难以得到及时而准确的销售信息，因此只能对存货管理采用计划方法，存货的流动是“推动式”的。它有两个明显的缺点：第一是缺乏灵活性，销路好的商品，其存货往往可得性差，销路不好的就积压；第二是运转周期长。

在电子商务环境下，供应链实现了一体化，供应商与零售商、消费者通过 Internet 连在了一起，通过 POS、EOS 等供应商可以及时且准确地掌握产品销售信息与顾客信息。此时存货管理采用反应方法，按所获信息组织产品生产和对零售商供货，存货的流动变成“拉动式”，完全可以消除上述两个缺点，并实现销售方面的“零库存”。

（3）第三方物流成为物流业的主要组织形式　第三方物流是指由物流劳务的供方、需方之外的第三方去完成物流服务的物流运作方式。鉴于目前第三方物流在实践中的成功发展，它将是电子商务时代物流业方面最大的变化。

（4）电子商务对物流各作业环节的影响　在电子商务环境下，企业的采购过程会变得简单、顺畅；配送业地位强化，配送中心成为商流、信息流和物流的汇集中心。

（5）电子商务对物流各功能环节的影响

1）物流网络的变化：物流网络信息化是电子商务条件下物流活动的主要特征之一。当今世界 Internet 等全球网络资源的可用性及网络技术的普及为物流的网络信息化提供了良好的外部环境。

2）运输的变化：电子商务环境下，传统运输的原理并没有改变，但运输组织形式受其影响，管理发生了较大的变化。

3）信息的变化：物流信息在将来变得十分重要，将成为物流管理的依据。

三、我国电子商务条件下物流业的发展模式

1. 企业自营物流模式

企业自营物流模式（第一/二方物流模式），是指企业自身拥有物流的运输、仓储、配送等功能，在进销存业务过程中只存在供方和需方的物流活动，供需双方按照交易协商合同规则，各自进行运输配送以及安排货物的存放、保管等物流活动。主要包括两种模式：第一方物流和第二方物流。

2. 物流联盟模式

联盟是介于独立的企业与市场交易关系之间的一种组织形态，是企业间由于自身某些方面发展的需要而形成的相对稳定的、长期的契约关系。物流联盟是以物流为合作基础的企业战略联盟，它是指两个或多个企业之间，为了实现自己的物流战略目标，通过各种协议、契约而结成的优势互补、风险共担、利益共享的松散型网络组织。

> 知识卡
>
> **第一/二方物流**
>
> 第一方物流是需求方为采购而进行的仓储、货运物流，如赴产地采购、自行运回商品。
>
> 第二方物流是供应方为了提供商品而进行的仓储、货运物流，如供应商送货上门。

3. 第三方物流模式

第三方物流模式是指由物流的供方、需方之外的专业化或综合化的物流企业以契约合同的形式经由第三方物流网络向供需双方提供全部或部分物流服务的业务模式。第三方物流企业通常实际拥有物流资源实体（无论是自有或通过租赁），通过帮助供需双方把货物从总供

应地运输到需求地来谋取利润。目前一些电子商务网站普遍采用这种模式。第三方物流的出现源于企业战略核心竞争力发展观点和业务外包理论的成熟，使企业能更好地配置自身的资源实现产品的生产和销售。

4. 供应链物流模式

随着竞争的加剧，竞争将不再是单个企业间的竞争，而是一条供应链与另一条供应链的竞争。作为21世纪增强企业竞争力最主要的思想和方法之一，供应链管理已经成为目前国内外学术界和企业界普遍关注的问题。供应链包含了所有加盟的节点企业，不仅是一条连接供应商到用户的物流链、信息链和价值链，而且是一条增值链。在供应链运作管理中，缩短响应时间、简化管理、降低运作成本就显得更为重要。所以，如何提高整条供应链的增值能力，增强供应链的竞争力，提高供应链整体物流效率，成为节点企业共同的目标。

5. 物流配送模式

所谓物流配送一体化，就是以物流系统为核心的由生产企业、经由物流企业、销售企业，直至消费者的供应链的整体化和系统化。物流配送一体化，其实现的基础是传统产业有完善的销售网络，它是物流业发展的高级和成熟的阶段。物流业高度发达，物流系统完善，物流业成为社会生产链条的领导者和协调者，能够为社会提供全方位的物流服务。

知识卡

国际物流的总目标

国际物流的总目标是为国际贸易和跨国经营服务，即选择最佳的方式与路径，以最低的费用和最小的风险，保质、保量、适时地将货物从某国的供方运到另一国的需方。

6. 国际物流模式

国际物流，就是组织货物在国际间的合理流动，也就是发生在不同国家之间的物流。国际物流的实质是按国际分工协作的原则，依照国际惯例，利用国际化的物流网络、物流设施和物流技术，实现货物在国际间的流动与交换，以促进区域经济的发展和世界资源优化配置。国际物流是为跨国经营和对外贸易服务，使各国物流系统相互“接轨”，因而与国内物流系统相比，具有国际性、复杂性和风险性等特点。

知识检验

一、单项选择题

1.（　　），就是指企业自身拥有物流的运输、仓储、配送等功能，在进销存业务过程中只存在供方和需方的物流活动，供需双方按照交易协商合同规则，各自进行运输配送以及安排货物的存放保管等物流活动。

A. 第三方物流模式　B. 供应链物流模式　C. 企业自营物流模式　D. 国际物流模式

2.（　　）是指商品在购、销之间进行交易和商品所有权转让的过程。

A. 信息流　B. 商流　C. 物流　D. 资金流

3. 目前，（　　）已成为我国电子商务发展过程的瓶颈。

A. 信息流　B. 商流　C. 物流　D. 资金流

二、判断题

1. 电子商务是集信息流、商流、资金流、物流为一身的整个的贸易过程。（　　）

2. 在电子商务环境下，供应链实现了一体化，供应商与零售商、消费者通过 Internet 连在了一起，通过 POS、EOS 等供应商可以及时且准确地掌握产品销售信息与顾客信息。供应链中货物流动方向由“拉动式”变成“推动式”。（　　）

3. 物流配送一体化，就是以金融系统为核心的由生产企业，经由物流企业、销售企业，直至消费者的供应链的整体化和系统化。

4. 国际物流，就是组织货物在国际间的合理流动，也就是发生在不同国家之间的物流。(　　)

三、简答题

1. 我国在电子商务环境下有哪些物流业的发展模式?

2. 电子商务对供应链管理有何影响?

课题四　技能训练

任务描述

1. 登录中国三大门户网站之一的“网易”(www.163.com)，进行电子邮件的注册。要求能够写信，掌握邮件接收、通讯录的设置和群发邮件的方法。

2. 在网上书店“当当书店”(www.dangdang.com)注册，搜索图书《围棋布局辞典(上卷)》，完成给书籍下订单的任务。最后，考虑到学生是作业练习，要记得取消订单。

任务目的

掌握注册新邮箱及收发邮件的方法。能够进行“当当书店”的注册及站内搜索和下订单、取消订单等技能活动，并跟踪物流状态。初步掌握电子商务和物流管理的关系。

任务实施

1. 登录“网易”(www.163.com)，进行电子邮件的注册。

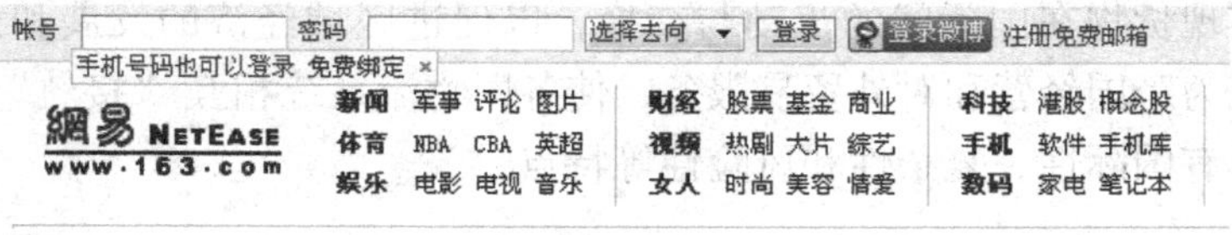

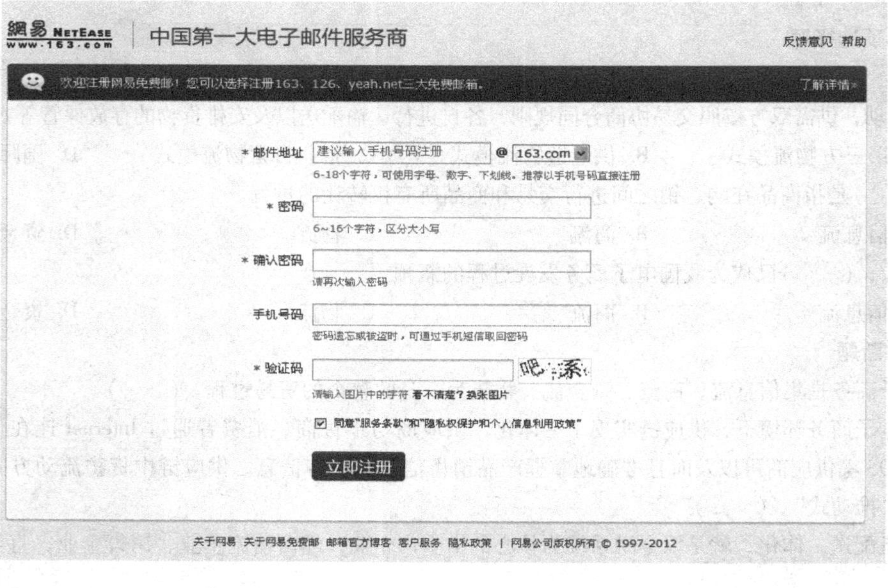

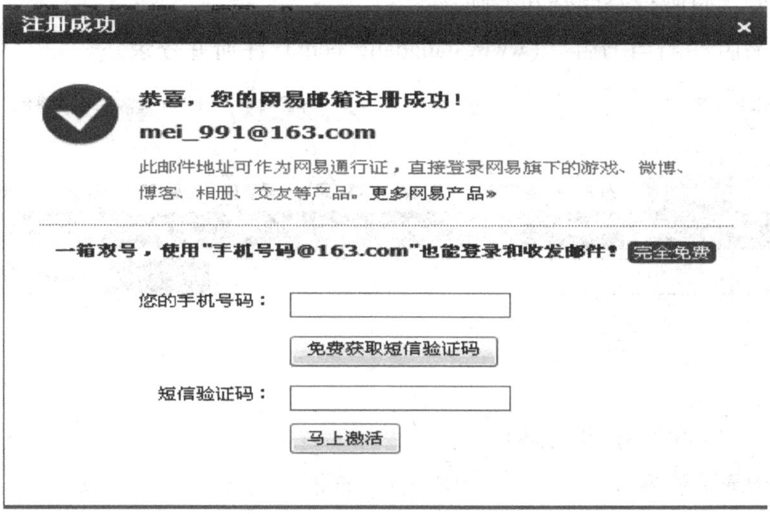

2. 给教师发一封电子邮件（E-mail）。

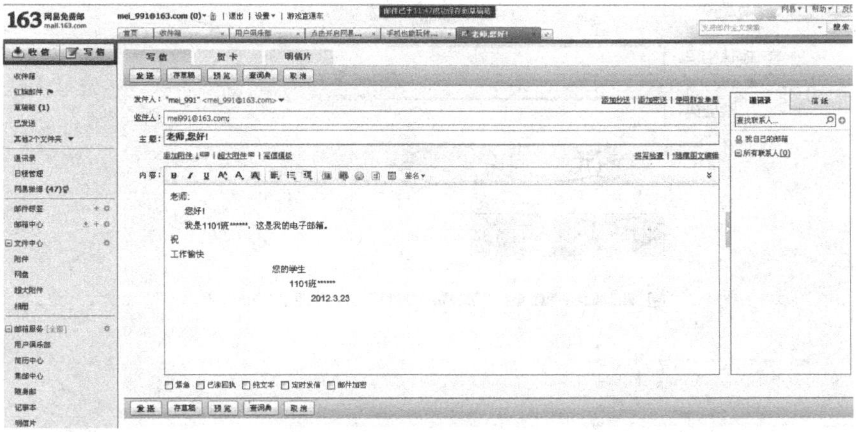

3. 教师收集学生的姓名和E-mail，在通讯录中设置群，再群发给学生。

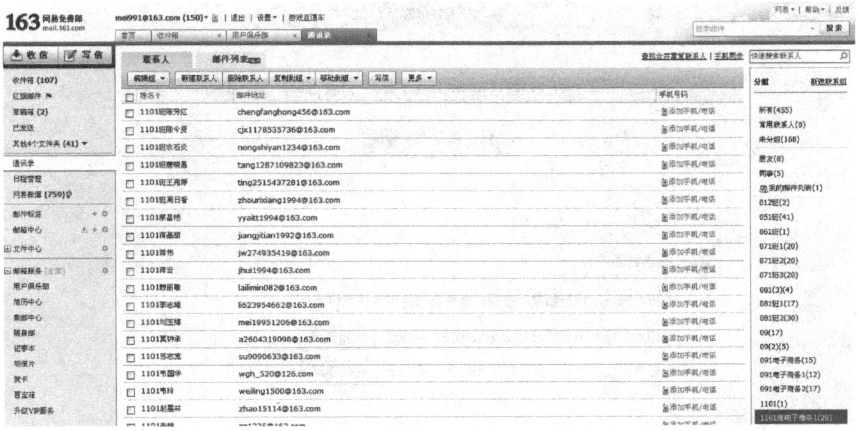

4. 学生在通讯录中设置群“××班”，根据教师发来的资料，存入通讯录中群“××班”。

5. 学生群发一封邮件给同学和教师。
6. 在网上书店“当当书店”（www. dangdang. com）注册并登录。

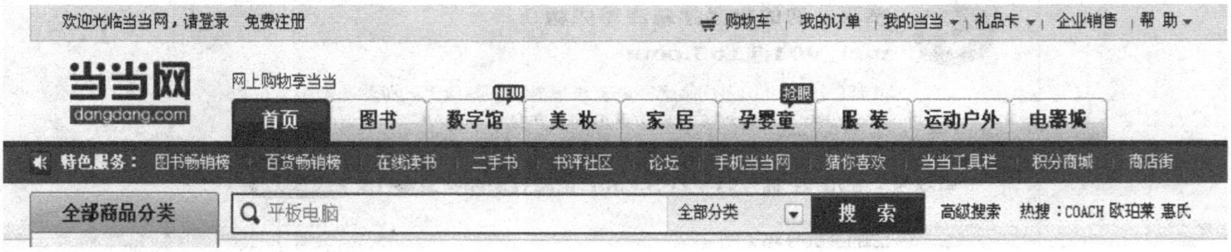

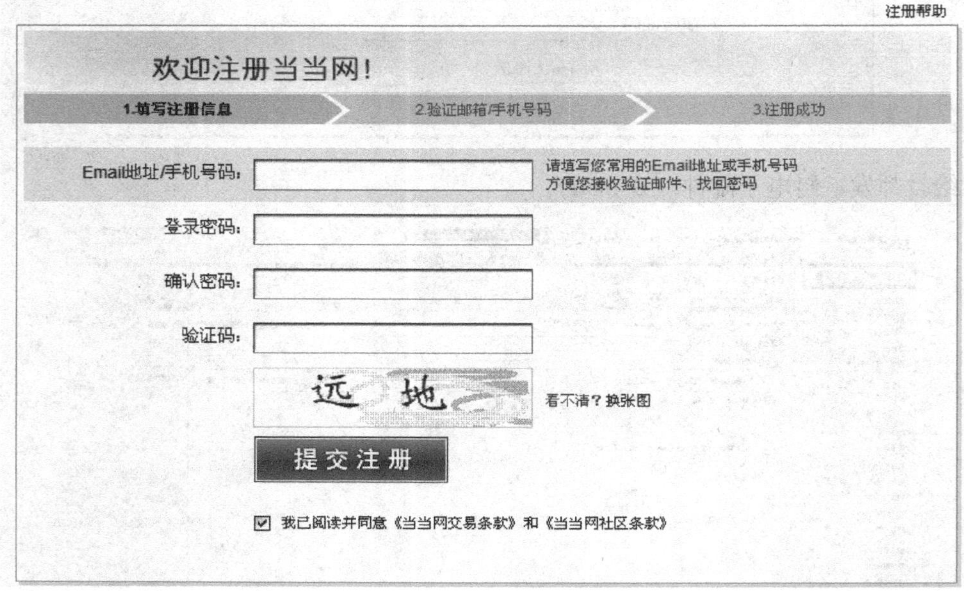

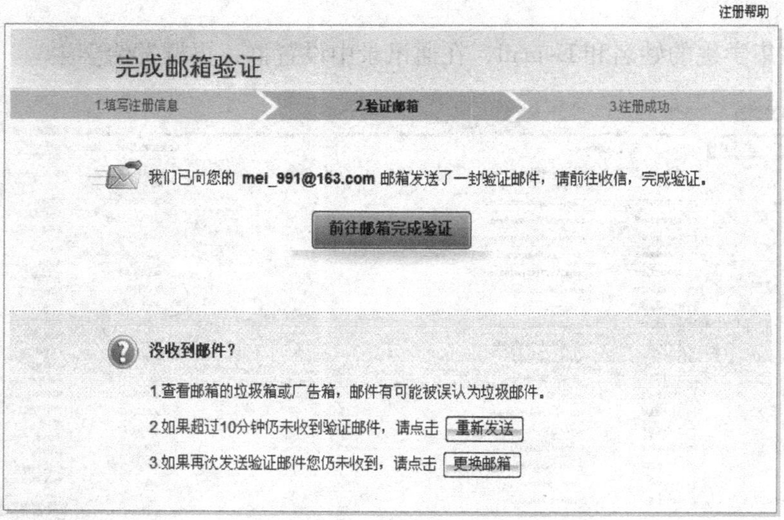

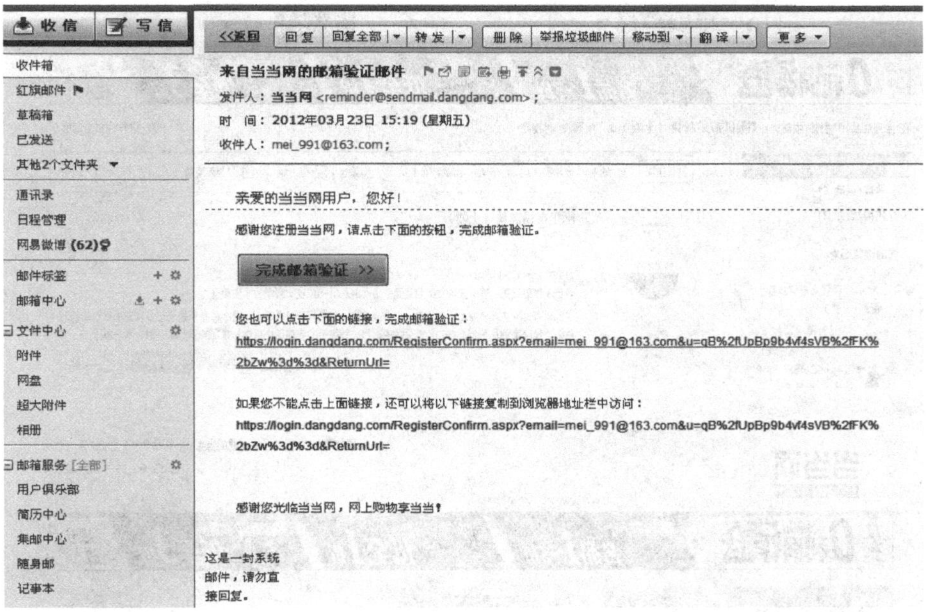

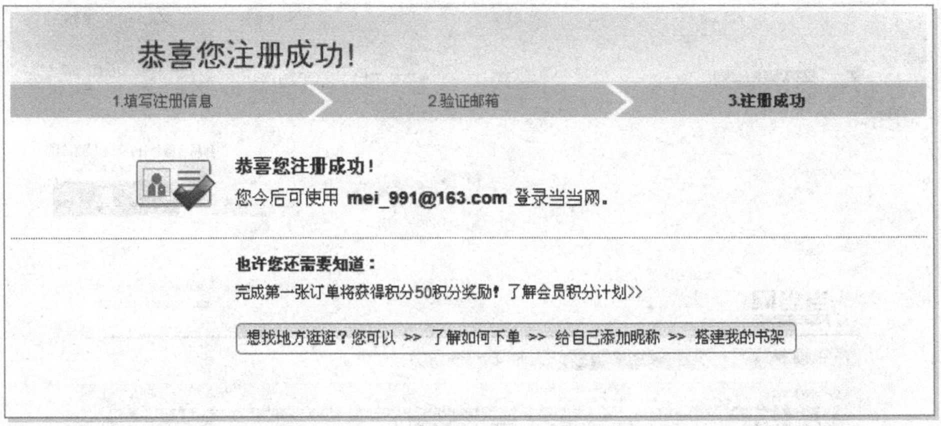

7. 在“当当书店”站内搜索书籍《围棋布局辞典（上卷）》，下订单，要求选择“送货上门，货到付款”。

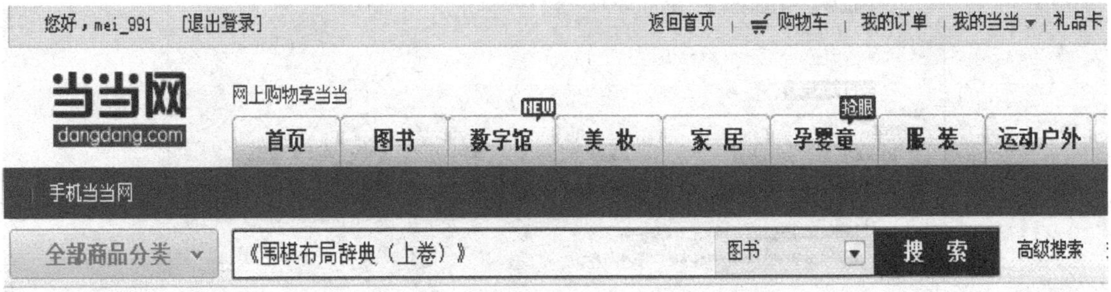

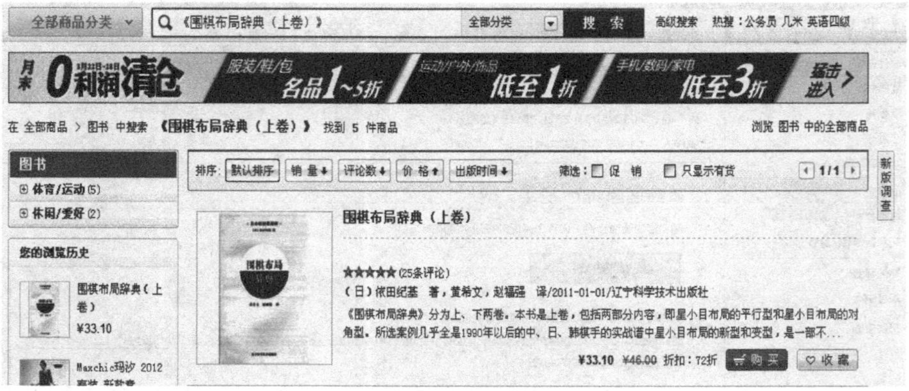
全部商品分类
《围棋布局辞典（上卷）》
全部分类
搜 索
高级搜索
月末0利润清仓
服装/鞋/包 名品1~5折
运动/户外/饰品 低至1折
手机/数码/家电 低至3折
猛击进入
在 全部商品 > 图书 中搜索 《围棋布局辞典（上卷）》 找到 5 件商品
浏览 图书 中的全部商品
图书
体育/运动 (5)
休闲/爱好 (2)
您的浏览历史
围棋布局辞典（上卷）
¥33.10
排序：默认排序 销量 评论数 价格 出版时间
筛选：促销 只显示有货
1/1
新版调查
围棋布局辞典（上卷）
(25条评论)
（日）依田纪基 著，黄希文，赵福强 译/2011-01-01/辽宁科学技术出版社
《围棋布局辞典》分为上、下两卷。本书是上卷，包括两部分内容，即星小目布局的平行型和星小目布局的对角型。所选案例几乎全是1990年以后的中、日、韩棋手的实战谱中星小目布局的新型和变型，是一部不...
¥33.10 ¥46.00 折扣：72折 购买 收藏

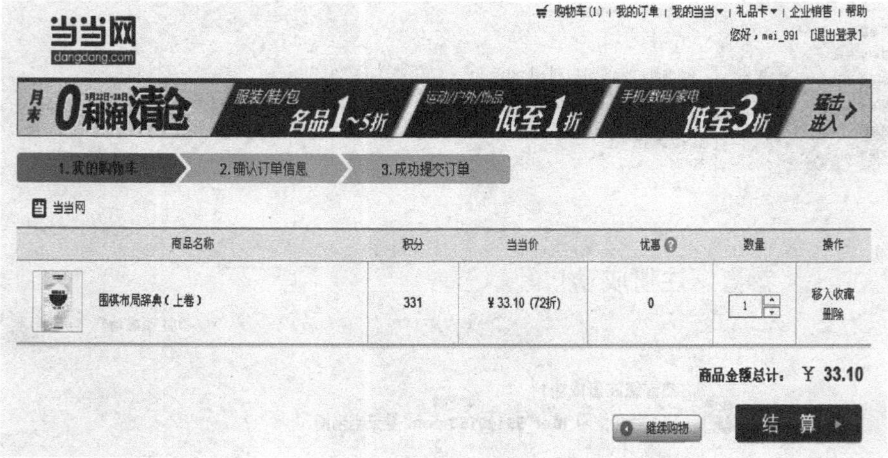
当当网
dangdang.com
购物车(1) | 我的订单 | 我的当当 | 礼品卡 | 企业销售 | 帮助
您好，mei_991 [退出登录]
月末0利润清仓
服装/鞋/包 名品1~5折
运动/户外/饰品 低至1折
手机/数码/家电 低至3折
猛击进入
1. 我的购物车
2. 确认订单信息
3. 成功提交订单
当当网
商品名称 积分 当当价 优惠 数量 操作
围棋布局辞典（上卷） 331 ¥33.10 (72折) 0 1 移入收藏 删除
商品金额总计： ¥ 33.10
继续购物
结 算

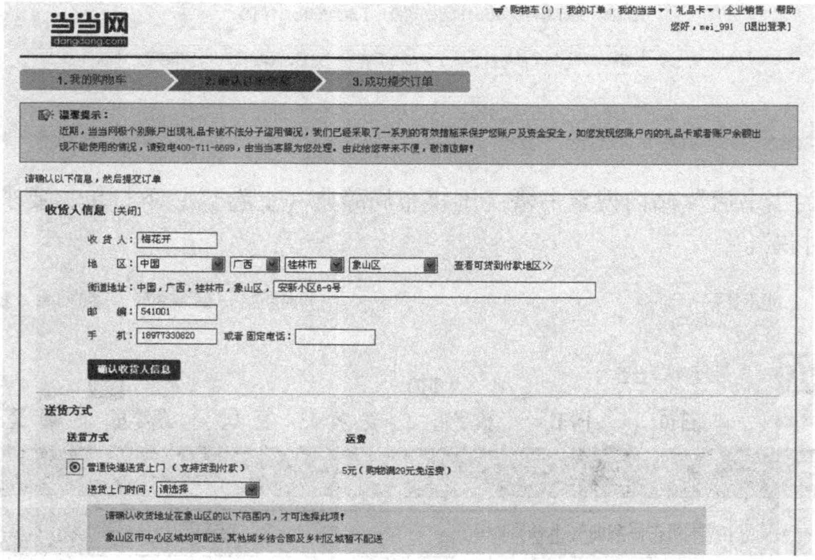
当当网
dangdang.com
购物车(1) | 我的订单 | 我的当当 | 礼品卡 | 企业销售 | 帮助
您好，mei_991 [退出登录]
1. 我的购物车
2. 确认订单信息
3. 成功提交订单
温馨提示：
近期，当当网极个别账户出现礼品卡被不法分子盗用情况，我们已经采取了一系列的有效措施来保护您账户及资金安全，如您发现您账户内的礼品卡或者账户余额出现不能使用的情况，请致电400-711-6699，由当当客服为您处理。由此给您带来不便，敬请谅解！
请确认以下信息，然后提交订单
收货人信息 [关闭]
收货人：梅花开
地 区：中国 广西 桂林市 象山区 查看可货到付款地区>>
街道地址：中国，广西，桂林市，象山区，安新小区6-9号
邮 编：541001
手 机：18977330820 或者 固定电话：
确认收货人信息
送货方式
送货方式
运费
普通快递送货上门（支持货到付款）
5元（购物满29元免运费）
送货上门时间：请选择
请确认收货地址在象山区的以下范围内，才可选择此项！
象山区市中心区域均可配送，其他城乡结合部及乡村区域暂不配送

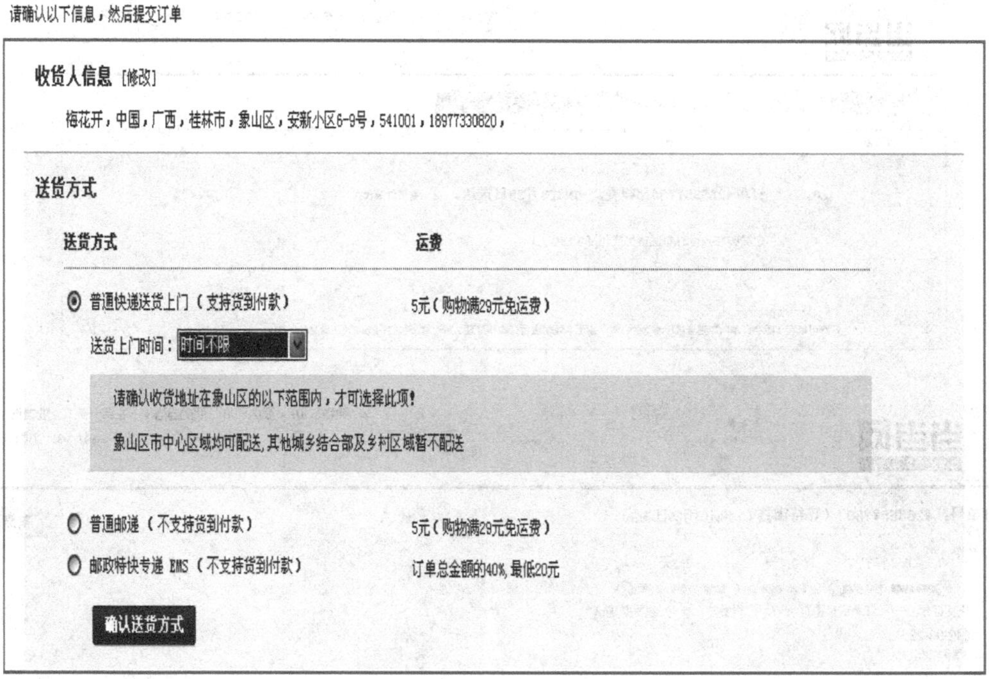
请确认以下信息，然后提交订单
收货人信息 [修改]
梅花开，中国，广西，桂林市，象山区，安新小区6-9号，541001，18977330820，
送货方式
送货方式
运费
普通快递送货上门（支持货到付款）
5元（购物满29元免运费）
送货上门时间：时间不限
请确认收货地址在象山区的以下范围内，才可选择此项！
象山区市中心区域均可配送，其他城乡结合部及乡村区域暂不配送
普通邮递（不支持货到付款）
5元（购物满29元免运费）
邮政特快专递 EMS（不支持货到付款）
订单总金额的40%，最低20元
确认送货方式

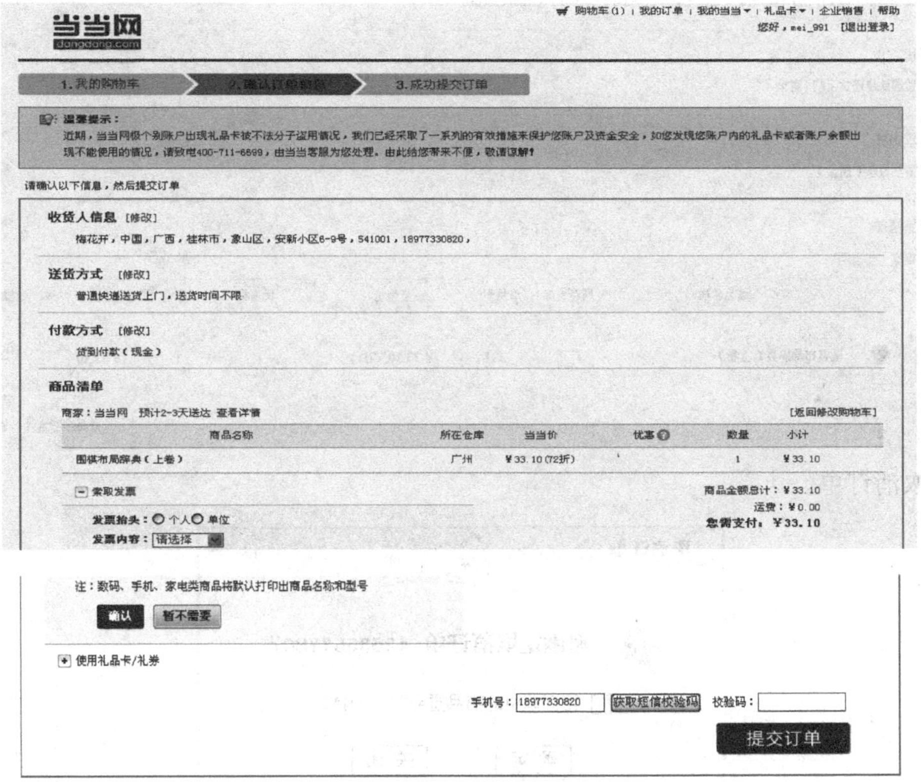
购物车(1) | 我的订单 | 我的当当 | 礼品卡 | 企业销售 | 帮助
您好，mei_991 [退出登录]
当当网
dangdang.com
1.我的购物车
3.成功提交订单
温馨提示：
近期，当当网极个别账户出现礼品卡被不法分子盗用情况，我们已经采取了一系列的有效措施来保护您账户及资金安全，如您发现您账户内的礼品卡或者账户余额出现不能使用的情况，请致电400-711-6699，由当当客服为您处理。由此给您带来不便，敬请谅解！
请确认以下信息，然后提交订单
收货人信息 [修改]
梅花开，中国，广西，桂林市，象山区，安新小区6-9号，541001，18977330820，
送货方式 [修改]
普通快递送货上门，送货时间不限
付款方式 [修改]
货到付款（现金）
商品清单
商家：当当网 预计2-3天送达 查看详情
[返回修改购物车]
商品名称
所在仓库
当当价
优惠
数量
小计
围棋布局辞典（上卷）
广州
¥33.10(72折)
1
¥33.10
索取发票
商品金额总计：¥33.10
运费：¥0.00
您需支付：¥33.10
发票抬头：个人 单位
发票内容：请选择
注：数码、手机、家电类商品将默认打印出商品名称和型号
确认
暂不需要
使用礼品卡/礼券
手机号：18977330820
获取短信校验码
校验码：
提交订单

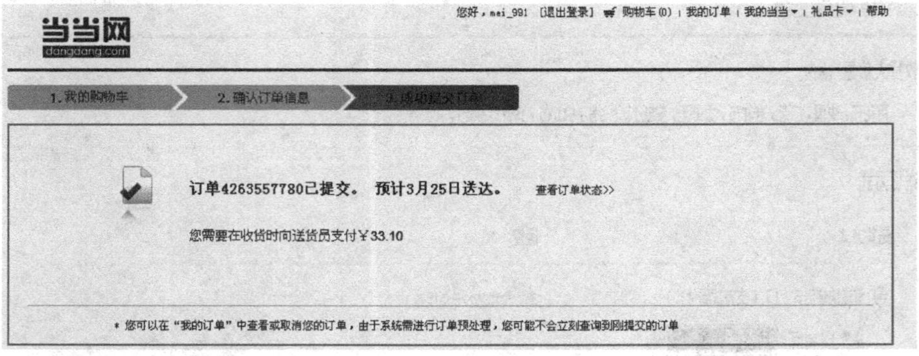
您好，mei_991 [退出登录] 购物车(0) | 我的订单 | 我的当当 | 礼品卡 | 帮助
当当网
dangdang.com
1.我的购物车
2.确认订单信息
订单4263557780已提交。 预计3月25日送达。
查看订单状态>>
您需要在收货时向送货员支付￥33.10
• 您可以在"我的订单"中查看或取消您的订单，由于系统需进行订单预处理，您可能不会立刻查询到刚提交的订单

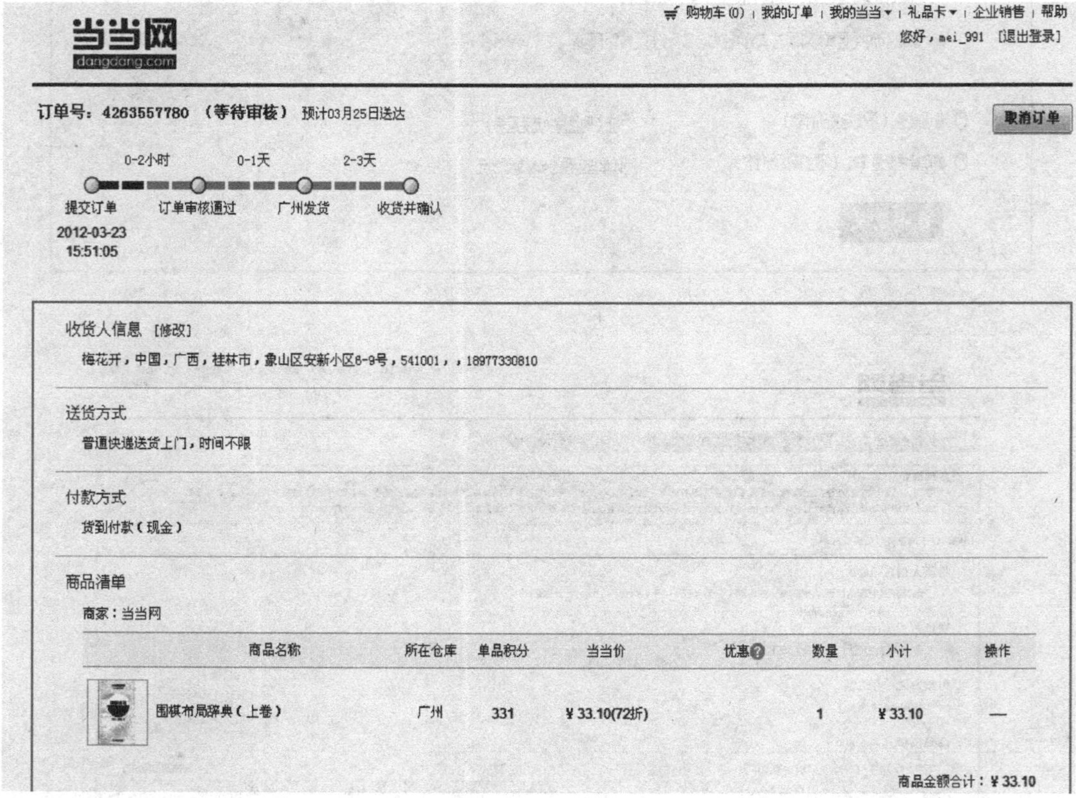
购物车(0) | 我的订单 | 我的当当 | 礼品卡 | 企业销售 | 帮助
您好，mei_991 [退出登录]
当当网
dangdang.com
订单号：4263557780 （等待审核） 预计03月25日送达
取消订单
0-2小时
0-1天
2-3天
提交订单
订单审核通过
广州发货
收货并确认
2012-03-23
15:51:05
收货人信息 [修改]
梅花开，中国，广西，桂林市，象山区安新小区6-9号，541001，，18977330810
送货方式
普通快递送货上门，时间不限
付款方式
货到付款（现金）
商品清单
商家：当当网
商品名称 所在仓库 单品积分 当当价 优惠 数量 小计 操作
围棋布局辞典（上卷） 广州 331 ￥33.10(72折) 1 ￥33.10 —
商品金额合计：￥33.10

8. 取消订单。

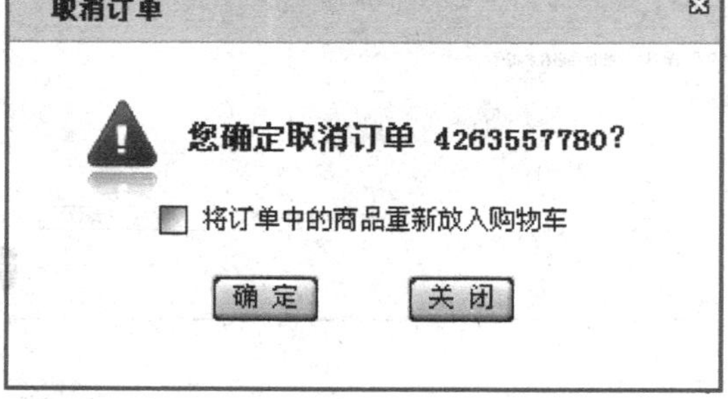
取消订单
您确定取消订单 4263557780?
将订单中的商品重新放入购物车
确 定
关 闭

取消订单

谢谢反馈！

关闭窗口

当当网
dangdang.com

订单号：4263557780 （取消）

提交订单	顾客取消
2012-03-23 15:51:05	2012-03-23 15:52:12

9. 教师演示，如果不取消订单，成功完成购买的结果。

订单号：4145695842 （交易成功）

提交订单	订单审核通过	从北京移仓	抵达广州开始配货	广州发货	收货并确认
2012-02-26 19:08:56	2012-02-26 19:49:08	2012-02-27 07:00:18	2012-02-29 11:35:12	2012-02-29 23:45:04	2012-03-07 00:43:09

配送公司：桂林天通　　电话：0773-3336888　　投诉电话：13377305566

处理时间	处理信息
2012-02-29 23:34:26	广州仓库 订单已通过扫描确认
2012-02-29 23:45:04	广州仓库 包裹已出库
2012-02-29 23:46:01	广州仓库 包裹发往【桂林天通】途中
2012-03-05 21:35:13	桂林天通 包裹已入库
2012-03-05 21:35:40	配送员已从站点出发，请您准备收货，【桂林天通】【3336888】
2012-03-07 00:43:09	配送成功

收货人信息

梅焰，中国，广西，桂林市，七星区漓江路6号广西二轻工业管理学校，541004，，13978390820

送货方式

普通快递送货上门，周一至周五

付款方式

货到付款（现金）

任务相关资料记录

1. 学生申请的“网易”电子邮件：________@163 .com，密码__________________。
2. 教师的电子邮件：__________@ 163. com。
3. 学生向教师发的电子邮件（书写格式如图1-3所示）：

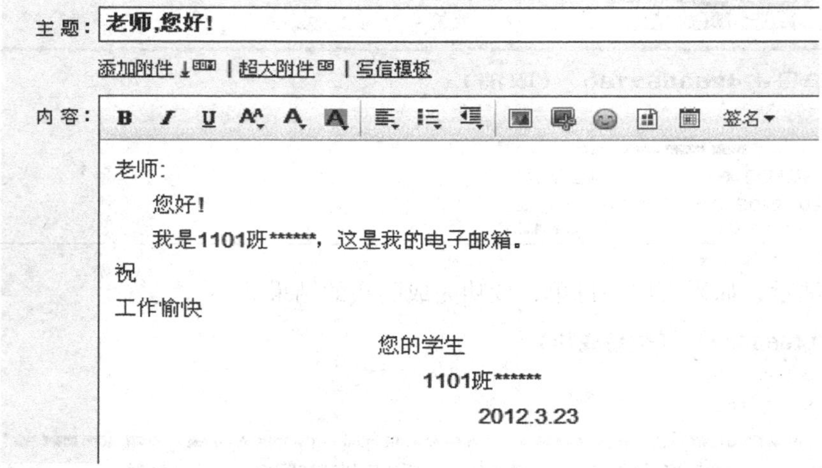

图1-3　网易邮件书写格式

4. “当当书店”的用户名：________________________，密码__________________

任务评价

任务编号			技能训练 完成学时		学生姓名			总分	
类别	序号	评价项目	评价内容及要求	评价标准	配分	学生自评	学生互评	教师评价	得分
岗位技能评价	1	E-mail注册	能够注册	不能注册无分	10				
	2	E-mail发邮件	邮件格式，主题符合公文要求	不符合公文要求减分。	20				
	3	邮箱通讯录设置	能够设置全班的群	不能设置无分，能设置一部分减分	20				
	4	当当注册	能够注册	不能注册无分	10				
	5	搜索书籍，下订单。	能够搜索正确的目标，并下订单	不能搜索无分，能搜索一部分减分	20				
	6	取消订单	能够取消订单	不能取消无分	10				
	7	完成时间	按时完成任务	不按时完成无分	10				

（续）

任务编号			技能训练完成学时		学生姓名		总分		
类别	序号	评价项目	评价内容及要求	评价标准	配分	学生自评	学生互评	教师评价	得分
职业素质评价	8	安全生产	遵守设备（计算机实训室）安全操作规程	不遵守有关规定扣1～5分					
	9	文明生产	遵守实训室卫生文明规则	不遵守有关规定扣1～5分					
	10	沟通交流	积极主动性强	不积极沟通扣1～5分					

注：按学生自评占20%、学生互评占30%、教师评价占50%计算总分。

任务小结

授课班级		授课时间		授课地点	
授课教师			任务名称		
学生表现					
存在问题及改进方法措施					

任务拓展

我国和世界电子商务的发展

通过选用合适的搜索引擎（如 Baidu、Yahoo 等）或者其他电子商务信息检索工具，探索我国和世界（如美国）电子商务的发展历程，从而对电子商务形成初步的认识和理解，为后续项目和任务的开展和实施做好准备。

搜狗 http：//123. sogou. com/

百度 https：//www. baidu. com/

问题讨论：

1. 什么是电子商务？

2. 我国和世界（指美国）电子商务的发展经历了哪几个阶段？

3. 在我国和世界电子商务的发展历程中，有哪些关键年份和典型事件？

银泰网的发展

2010年10月11日，浙江百货龙头企业银泰集团旗下的电子商务平台银泰网（www. yintai. com）正式宣布上线。银泰网上线时国内有媒体给予了传统百货零售企业进军线上的“标志性事件”这样的评价。2010年2月，银泰集团在北京成立了银泰电子商务分公司。该公司运营独立于银泰集团，两家公司的业务完全独立。从供应链到物流，银泰网全部自建独立系统。银泰网在浙江建立了超过2万m^2的仓库，不仅有常规的存储货架，还特别为化妆品等设立了密封的恒温仓库，以及专为奢侈品配制的高层货架等。

与银泰百货传统零售商业的联营模式不同，银泰网在业内创新性地采取了“自主采买制”。当前，银泰网货源全部来自品牌商，通过统一采买，进入自己的仓库。商城拥有独立的商品采销团队。虽然这种模式对于资金和采购人员的要求较高，但是，对于公司来说，能对所有的货物进行统一、方便的管理，这在缩短送货周期、打造完善统一的客户服务方面有着强大优势。银泰网的建设，获得了来自母公司过亿元的投资。同时，它共享银泰百货集团的多种资源。

银泰网当前所出售的产品，商品结构大致与母公司银泰百货经营的商品相近。定位于时尚快销百货商品，经营商品涵盖服装、箱包、鞋帽、配饰、化妆品、珠宝、奢侈品等300多个品牌、5万余个品类。这些知名品牌包括Dior、Gucci、KAPPA、NIKE、VICTORIAS SECRET、CalvinKlein等一线品牌。其中，很多知名品牌据说是首次正式授权银泰网独家网络销售，且相比线下零售渠道及其他电商网络平台，许多商品由于买断经营，具有很大的性价比优势。

银泰网还共享实体店线下会员资源和推广资源。目前银泰有200多万的VIP用户，每年的销售额有60%是VIP用户贡献的。这些VIP用户是完全可以为网络所用的。分析人士指出，银泰百货在传统零售业经营了十多年，积累了强大而深厚的品牌商资源，这使银泰网可以在短期内迅速与品牌商建立稳固的合作关系，并由此向用户提供更多的增值服务。除了借助实体店的客户资源，共享实体店的品牌效应外，在营销方面双方也可以实现融合（图1-4）。

图1-4　银泰网

请同学们尝试注册银泰网，浏览网站，挑选一件商品放进购物车。

须知

关于淘宝网开店的通知

＊电子商务＊班的家长：

您好！

这学期，＊电子商务＊班的专业学习要求能在淘宝网开店，需要家长配合以下事宜：

1）年龄已满十八岁的同学请办理身份证；有手机的同学还可以去办理一张银行借记卡（学生实名），由同学自己开通激活网上银行，办理相关业务。

2）年龄未满十八岁的同学，按照淘宝网的规定，“未满十八岁不能开店”，在家长授权的情况下，请家长明确告诉孩子您的身份证号码，并用您的身份证带孩子一起办理一张开通网上银行支付的借记卡（您的实名），手机号码登记为孩子的号码，方便孩子接收验证短信。

3）银行可以是中国银行、建设银行、工商银行、农业银行、交通银行中任选一个。切记只办理银行借记卡。

4）网络交易有风险，请在银行卡中只存20元，足够完成练习，请勿多存。

单元二　电子商务环境下的物流运作系统

知识目标

通过学习电子商务环境下的物流运作系统和电子商务与物流运行在不同企业的表现形式，了解电子商务环境下物流企业的业务流程，掌握电子商务环境下的供应链物流管理系统的概念，明确B2B、B2C这两种电子商务的基本运行方式。

案例导入

过去，联想公司（http：//www. lenovo. com. cn/）采用的方法是代理商通过传真发订单，销售人员拿到订单后办理销售手续（开销售小票），然后再办提货发货手续。随着业务量的激增，订单处理就成为一个突出的问题。首先是销售人员不知道库存情况，一般是在开小票前打电话询问有没有货。而由于库存情况实时在变化，往往出现开了小票，存货已被别人提走的情况。二是库管人员不了解销售信息、采购信息和生产信息，在没有现货时无法告诉客户几天以后才能有货。三是生产线只能根据已有的出货量安排生产，一旦客户需求有变化，就可能导致货物大量积压。四是传真订单的填写不规范，录入容易出差错，经常导致发错货。

课题一　电子商务通用交易过程与基本程序

无论在传统贸易方式下，还是在电子商务条件下，商品生产和交换的全过程，即从原材料的采购、各工艺流程的生产到成品的交付，都需要各类物流活动的支持。现代化的物流技术，可以优化库存结构、降低生产成本、加快资金周转、缩短生产周期，从而保障生产高效、有序地进行。

一、生产制造企业的电子商务与物流

广义生产物流是由生产企业的供应物流、生产企业内部生产活动过程的物流、生产企业的销售物流所组成的整体。一般而言的生产物流是和社会物流相对应的生产企业内部的生产活动过程的物流。

小资料

传统企业多数是按计划进行生产、制造等活动，不重视订单管理的作用，导致了物料不能立即进入生产线，产成品也无法即时流通，增加了企业的物流成本，降低了整体盈利能力。

生产企业内部的生产物流具有复杂性，这与生产活动中各种各样不同的物流活动和劳动

对象的复杂性有关，并且与生产方式和企业制度有关。现代企业尤其是制造业，已经将原来属于企业内部的生产制造活动社会化，原来企业内部的分工延伸成区域的分工甚至国际的分工，联结这些分工的物流活动，已经从一个企业内部扩展到区域甚至全球。

传统的物流服务已经不能适应现代企业的生产运作模式。现代企业的生产制造要求从MTO（按订单生产）出发，选用MRP（生产资源计划）或LP（精益生产）或JIT（准时化生产）或ERP（企业资源计划）等生产方式，实施准时化采购和配送，将购买、生产、销售三者协调起来，达成与供应商和下游企业横向一体化的物流战略联盟，形成“双赢”，提高整个供应链的效率。

1. 生产物流的分类

1）生产物流所依托的工具，是生产物流非常重要的组成部分，往往成为生产物流系统的核心和生产物流系统的代表形式。按照工具的不同，生产物流系统可以划分为：传动带、输送机物流系统，产业车辆物流系统，机械连动物流系统，机械手物流系统，管道物流系统，重力式生产装置物流系统。

2）按生产操作对象的不同，具体的物流活动有：原材料和零配件部件物流、半成品物流、产成品物流以及回收物流。

3）生产企业物流可以将之细分为采购物流、厂内物流、销售物流、退货物流和废弃物回收物流等物流活动，生产企业物流的结构如图2-1所示。

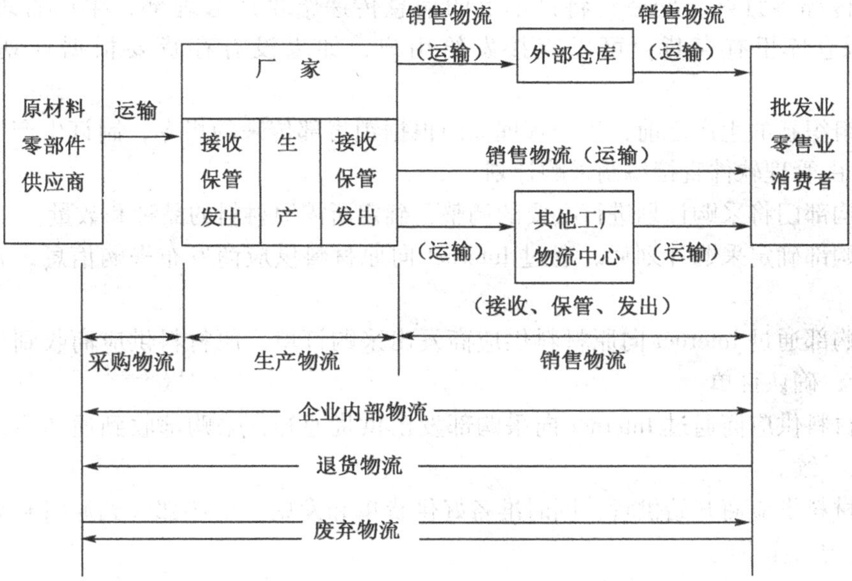

图2-1 生产企业物流结构图

2. 生产企业电子商务的特点

通过电子商务规范事物处理的工作流程，将人工操作与电子信息处理集成为一个不可分割的整体，不仅可提高对人力、物力的利用，而且可提高整个企业经营运作机制的严密性。

电子商务对企业经营的协调性要求更高。生产类企业的经营活动本身就是一种协调过程，需要企业与客户、原材料供应商、批发商、零售商以及企业内各部门间的相互协调。在电子商务环境中，企业的经营活动更要求通信部门、银行、配送机构、技术服务等多个部门的通力协作。

3. 当前国内外生产企业电子商务的基本应用

1）市场调查。

2）原材料采购与生产要素的招标。

3）发布企业信息。

4）产品的销售及服务。

5）利用电子商务进行生产经营管理。

6）通过网络收集与企业经营相关的各种信息。

7）实现上下游企业及客户的沟通。

8）新产品开发。

> 知识卡
>
> **生产类企业电子商务的显著特点**
>
> 电子商务涵盖了从市场调查、原材料采购到产品销售和售后服务的全过程，与企业的经营管理全方位地结合在一起。

4. 电子商务条件下的制造企业的物流业务流程

电子商务条件下制造业的业务流程如下：

1）各个批发商根据自己的销售情况，确定所需货物的品种和数量，通过 Internet 给企业的销售部门下达订单。

2）销售部门收到订单以后，通过调查下达订单的批发商的财务状况，进行信用审计。

3）销售部签订好合同后，将订单上的信息传递给生产管理部，生产管理部接到任务后，如果仓库里有存货，可以直接发给用户，如果没有存货要根据计划组织新的生产。

4）在组织新的生产之前，生产管理部门根据销售部传来的指令，制订生产计划，根据生产计划，由管理软件直接编制采购计划。

5）采购部门将采购计划进行必要的调整，确定所需原材料的品种和数量。

6）采购部确定采购计划后，通过 Internet 向原材料供应商发布采购信息，并确定原材料供应商。

7）采购部通过 Internet 向原材料供应商发出采购订单，原材料供应商收到订单后，进行信用审计，确认订单。

8）原材料供应商通过 Internet 向采购部发出供货通知，采购部收到通知后，准备接货和办理结账手续。

9）原材料供应商开始供货，同时准备好供货单和发票。生产部收到原材料后，进行验货和办理货物入库手续。

10）原材料到库后，生产管理部门根据事先安排好的生产任务，由生产部开始组织生产。经过一系列的生产工艺，生产出所需的产品。

11）生产部将完工的信息通过 Internet 将信息同时反馈给生产管理部、销售部和用户，用户收到信息以后准备接货和办理结账手续。

12）生产部开始供货，同时准备好供货单和发票。用户收到货物后，进行验货和办理货物入库手续。

5. 生产物流现代化案例

以下以某烟草（集团）有限公司下属某卷烟厂（下称××卷烟厂）为例，分析实施生

产物流现代化的过程

××卷烟厂的生产物流属于阶段性物流，在各类生产线中已经基本实现了自动化（其生产总控室如图2-2所示），较为合理，但在生产线与生产线之间、生产线与原料库之间以及生产线与成品库之间还没有实现合理连接，使整个生产工艺流程无法顺畅地实现。为此，××卷烟厂结合本企业的工艺流程的独特性，调查研究，找出瓶颈问题，对生产物流瓶颈问题进行具有针对性的分析，探索解决方案，对配方库的物流系统总体方案设计作了具体分析。

图2-2 ××卷烟厂生产总控室

××卷烟厂配方库系统总体方案说明

（1）基础参数

1）年工作日：251天

2）每天工作时间：入库7h（白班）

出库16h（两班）

（2）基础资料

1）物料信息片烟包重量为200kg；片烟包尺寸为1136mm×720mm×725mm；梗箱净量（梗重）为100kg。

2）生产用量：制丝生产线片烟线处理能力为3750kg/h，梗线为1250kg/h。

3）库容规模要求：片烟包在高架库中储存时间在5天以上。

4）系统处理能力要求：满足制丝线工作所需原料出库，同时满足白班原料入库。

（3）流程与功能描述

1）入库区流程：配方库入库原料有片烟包和梗箱两种。入库区设置了两个入库口（图2-3），用于片烟包和梗箱入库；一个整理站台，用于不合格烟包和梗箱的整理。

入库口一

入库口二

图2-3 入库区的入库口

① 烟包入库操作：仓库管理系统根据生产计划自动生成入库清单，根据入库清单，入库操作员用抱夹叉车把片烟包从卡车上抱下，直接放到片烟包入库站台内经过条形码检测的空托盘上。将该片烟包托盘信息录入系统后由人工在计算机上确认，托盘开始入库。在入库路线上进行外形检测，若外形检测合格，片烟包实托盘经输送系统自动送至计算机管理系统分配的巷道堆

垛机取货站台，最后由巷道堆垛机将该实托盘送至计算机管理系统指定的货位存放；外形检测不合格的实托盘则退出到整理站台报警，操作员进行人工整理后重新入库，直至正确入库。若无法整理或不能入库则用叉车将其剔除。香烟分拣如图2-4所示。

② 梗箱入库操作：叉车将梗箱送到梗箱入库站台上，入库管理人员用手持条形码扫描仪扫描梗箱条形码，并在计算机上将该梗箱信息录入系统后确认，梗箱开始入库。在入库线路（图2-5）上进行外形尺寸检测，若外形检测正确则入库，否则退出到整理站台（图2-6）报警，操作员进行人工整理后，重新进行外形检测，直至正确后入库。若无法整理或不能入库则用叉车（图2-7）将梗箱剔除。入库梗箱在计算机调度下经自动输送系统（图2-8）由堆垛机送至仓库管理系统分配的货位存储。

图2-4　香烟分拣

图2-5　入库线路

图2-6　整理站台

图2-7　叉车

图 2-8　自动输送系统

③ 入库所需空托盘的供给：在片烟包入库过程中，优先使用出库烟包分离后产生的空托盘。因该空托盘不能满足入库作业的需要，故其余部分还需直接由系统命令堆垛机从库中调出，经输送机系统及往复式穿梭车送到入库区空托盘组缓存站台待用。

当烟包入库站台上没有托盘时，即向系统申请空托盘。托盘分发机接到命令后，将正在使用的空托盘组分出一个空托盘以供烟包入库站台使用，分发空托盘的同时即进行条形码识别，如识别不成功，则通知系统，报警提示操作员补贴条形码。如托盘分发机处的空托盘组已用完，即将缓存工位上的空托盘组调来使用，同时通知系统调来新的空托盘组到缓存工位备用。

2）出库区流程：出库区设置了两个烟包出库站台和一个梗箱出库站台，用于片烟包和梗箱的出库；一个空梗箱/空托盘返回站台用于空托盘和空梗箱的返库；一个空梗箱出库及抽检站台用于空梗箱的出库以及对片烟包进行抽检。

二、商贸企业的电子商务与物流

近年来，随着电子商务的发展，特别是随着连锁商业的发展，配送中心的建设受到了重视，商贸企业的经营和物流发生了很大的变化。

1. 当前商贸企业电子商务条件下物流的发展

（1）零售业的物流革新　零售业自 20 世纪 80 年代以来，急速地向信息系统化方向发展，通过 POS 系统实行单品管理，把握每个商品的需求动向，然后将信息与预定发货作业联系在一起，并使整个物流系统协同运转，综合运用，才能实现适时的备货和在库成本的削减。其中 24h 连锁店的物流系统的设计管理成为零售业电子商务物流系统发展战略的标志。

（2）连锁店的物流　连锁超市是世界零售业的一次革命，它的发展对我国零售业传统的销售方式既是一种突破，又是一种挑战。它是商流、物流、信息流“三流”高度集成、相互制约、相辅相成的极佳形式。

从世界各国连锁超市业的成功经验来看，连锁经营方式之所以能够产生高效率、高效益，就在于连锁超市实行的是统一采购、统一配送、统一价格，并具有实现这一职能的商品配送中心，而从根本上实现了“决策权向连锁超市总部集中，物流活动向商品配送中心集中”；达到一套资金、一套库存，集中优势，将单个门店不可能投入的人力、物力、财力，用于采购供应活动。

连锁店实行的是在有限的空间陈列大量商品。为了使店铺销售面积实现最大化，就必须尽可能把补充商品的库存空间压缩到最小限度，所以24h连锁店基本上是通过配送来实现补充进货，而不是通过仓储来补充商品。另外，在销售进货管理上，必须避免店铺中出现顾客预购商品断货的现象。为了防止断货发生，24h连锁店实行对售完商品频繁订货的制度，与此同时，24h连锁店本部在对应各店铺订货状况的基础上，实行高频度的商品配送。此外，为适应店铺经营的特征，必须对多品种少数量的商品实行多频度、小单位配送。因此，为支持多频度、小单位物流，相应的系统必须实现商品的集约化，在商品集约化的基础之上，在物流方面开展共同配送。

小资料

连锁超市

连锁超市以连锁制为轴心，以广铺的门店网络为市场依托，采用中央采购制，大大降低商品进价，开发销售利润；以多功能、集约化的配送中心，大大压缩商品库存，开发物流利润；以直接的市场信息向加工制造业渗透，发展品牌商品，开发生产利润。

（3）实行商品供货的配送中心化　商品配送中心的职责是按企业的订单进货，临时安排仓储和分发。每一个商业企业需要一大批商品配送中心的服务，而每个商品配送中心也将为数十个乃至上百个商贸企业服务。配送中心一方面从生产厂家或网上企业那里赚取折扣差价，另一方面获取各企业的送货服务费。

同时，有了配送中心，才可能实现一头进货、集中库存、统一配送、各连锁店分锁的连锁经营方式，才可能实现直接的产销衔接，增强商业对市场信息需求的反馈能力，实现在商品配送中心内统一结算和商品信息的自动化处理；实现物流、财务乃至整个连锁企业的管理科学化，从而促进生产，满足消费，降低生产资源配置，降低成本，使企业享受较高的价格折扣，降低流通成本和销售价格。由于将商品集中保管、流通加工，按各门店的需求配货，统一配送，实现了“最少环节、最短运距、最低费用、最高效率”，从而大大提高了经济效益。同时，通过统一进货，严把质量关，杜绝“假冒伪劣”商品，提高了连锁超市企业的信誉。

2. 商贸企业电子商务的特点

1）物流中心、配送中心实现效率化。

2）商品配送的计划化和集约化。

3）物流系统协调成本的合理分担，成为电子商务条件下零售业物流支持系统的变革方向。

3. 当前国内外商贸企业配送中心的类型

近年来，随着市场经济的快速增长，特别是连锁商业的发展，各种形式的配送中心如雨后春笋般发展起来。企业主要采取了以下措施：一是将老式的仓库改为配送中心；二是引进电脑管理网络，对装卸、搬运、保管实行标准化操作，提高作业效率；三是连锁店共同组建配送中心，促进连锁店效益的增长。配送中心主要有批发型、零售型和仓储型三种类型。现举例如下：

（1）批发型　美国加州食品配送中心是全美第二大批发配送中心，经营的商品均为食品，有43000多个品种，其中有98%的商品由该公司组织进货，另有2%的商品是该中心开发加工的商品，主要是牛奶、面包、冰激凌等新鲜食品。该中心实行会员制，主要靠计算机管理。业务部通过计算机获取会员店的订货信息，及时向生产厂家和储运部发出要货指示单；厂家和储运部再根据要货指示单的先后缓急安排配送的先后顺序，将分配好的货物放在待配送口等待发运。配送中心 24h 运转，配送半径一般为 50km。

（2）零售型　美国沃尔玛商品公司的配送中心是典型的零售型配送中心。该配送中心是沃尔玛公司独资建立的，专为本公司的连锁店按时提供商品，确保各店稳定经营。中心 24h 运转，每天为分布在纽约州、宾夕法尼亚州等 6 个州的沃尔玛公司的 100 家连锁店配送商品。该中心设在 100 家连锁店的中央位置，中心经营商品达 4 万种，主要是食品和日用品。

（3）仓储型　美国福来明公司的食品配送中心是典型的仓储型配送中心。它的主要任务是接受美国独立杂货商联盟加州总部的委托业务，为该联盟在该地区的 350 家加盟店负责商品配送。该配送中心经营 8.9 万个品种，其中有 1200 个品种是美国独立杂货商联盟开发的，必须集中配送。在服务对象店经营的商品中，有 70% 左右的商品由该中心集中配送，一般鲜活商品和怕碰撞的商品，如牛奶、面包、炸土豆片、瓶装饮料和啤酒等，从当地厂家直接进货到店，蔬菜等商品从当地的批发市场直接进货。

4. 电子商务条件下商贸企业的物流业务流程（图 2-9）

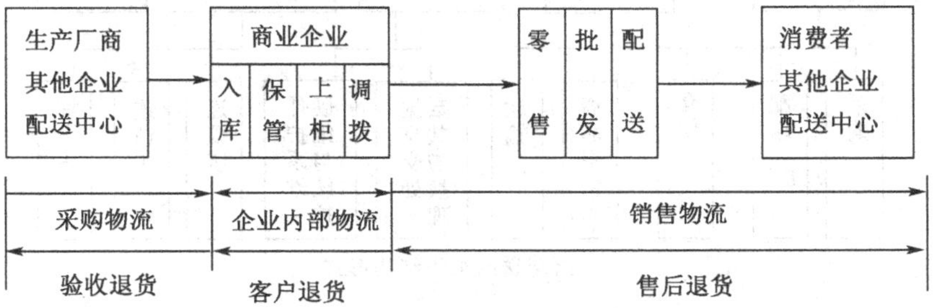

图 2-9　电子商务条件下商贸企业的物流业务流程

5. 实施商贸企业物流现代化的过程（以某国有书业企业省内连锁经营总部为例）

国有书业企业省内连锁经营总部的组织结构形式，由两个因素决定，一是物流配送能力；二是连锁经营的范围大小。在物流配送能力足够达到每一个连锁门店的条件，可以采取一级配送的组织结构形式，或者采取二级配送或多级配送的组织结构形式。两种组织结构形式如图 2-10 所示。

和所有流通业连锁一样，省级书店采用连锁经营模式最终建立的体系是一种具有高效扁平管理结构、统一经营策略的书店联合体。但书店在组织结构、合作形式、运作方式上有着独特的地方，这是由于书店连锁体系是由传统的各级书店所组成的。这些书店还必须保留一些固有的体制和业务，不可能照搬连锁理论对企业进行资产重组、架构调整、统一业务管理等一系列改革。但通过对连锁管理理论的一些变通，调整一下业务关系，实行店、铺业务分离还是可以形成具有书店特点的连锁体系。

书店连锁最终建成的构架是由省店形成的连锁总部及基层店的零售门市所组成的扁平结构。零售门市和连锁业务一起从基层店剥离出来组成独立连锁店，由连锁总部直接管理，连锁店实现的效益由连锁总部与基层店共享。

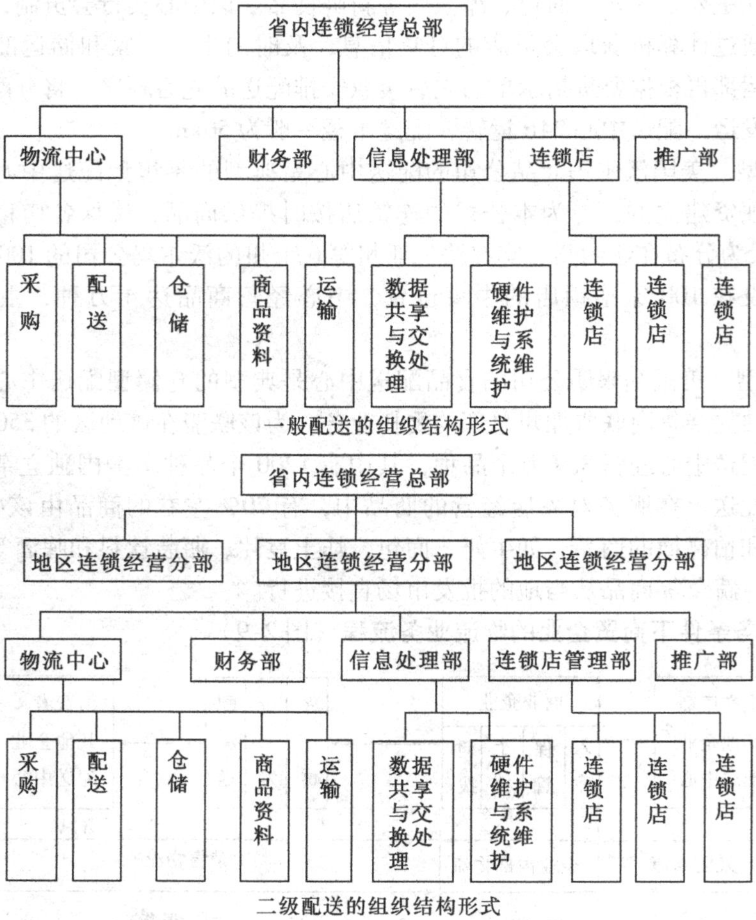

图 2-10　某国有书业企业省内连锁经营总部的组织结构形式

三、消费者电子商务与物流

电子商务的推广，已经使家庭购物成为现实。只要消费者打开电脑，敲一敲键盘，就能进入网上商店，查看成千上万的商品目录，从中挑选自己想要的商品，然后查看商品的规格和性能，还可以在计算机屏幕上看到商品的图片甚至三维的图形。对于选定的商品，消费者只需调出订单进行填写，然后把自己的信用卡号码加进去，用于付款。订单确认后发出，商家几乎立即可以收到订单，随即就会送出或寄出顾客购买的商品。

支付方式也将得到很大的转变。上网消费者只需要拥有一个网络账号，就可以在任何地点、

知识卡

网 上 拍 卖

网上拍卖也称在线拍卖，是近几年从美国兴起的一种电子商务形式。它通过Internt将过去少数人才能参与的贵族式物品交换形式，变成每一位网民都可以加入其中的平民化交易方式。网上拍卖不仅是网络时代消费者定价原则的体现，更重要的是拍卖网站营造了一个供需有效集结的市场，成为消费者和生产商各取所需的场所。

任何时间，每天24h不间断地得到银行业务服务，包括储蓄、转账、查账、信用卡、证券、交易、保险和财务管理等业务。

电子商务的出现为消费者购物提供了极其便捷的条件，消费者不必再到拥挤的商业街，而只需在网上轻松点击，足不出户即可轻松完成购物过程。但如果商家不具备现代化的物流技术，就极易出现不能按时送货、送非所购、商品质量不合要求等问题。这样，电子商务带给消费者的购物便捷便成为一纸空文，“以消费者为中心”更无从谈起。

另外，许多企业建立了消费者（卖方）电子商务，是看到了客户访问网站比拨打呼叫中心对企业更有利。由于企业不需要员工来参与交易，不仅节省了成本，而且消除了客户/员工交流不当的风险。企业建立的卖方电子商务范围各有不同，有的企业通过建立独特的网站来创造竞争优势，他们为每一位客户建立个性化的门户，提供全面的支持能力，包括根据需要使用不同的语言。

还有一种类型的消费者电子商务，就是网上个人拍卖。参与者在互联网上进行交易，将商品买进或卖出，最后通过物流完成送货。

四、直销企业的电子商务与物流

直销是发达国家成熟的营销方式，但在中国，直销的发展还刚刚开始，由于消费习惯、地域文化、社会经济发展基础等许多原因，直销还没有成为中国主流营销方式之一。

1. 网上直销型企业间电子商务的含义

网上直销型企业间电子商务是指直接提供产品服务的企业，改变传统的营销渠道，将Internet作为新兴的销售渠道实现企业间的交易。对于企业来说，一方面作为提供产品服务者，它通过建立网上直销电子商务站点为其顾客提供网上直销渠道；另一方面作为产品服务的使用者，它从供应商建立的网上直销电子商务站点中进行直接购买。企业通过网上直销渠道实现与客户之间的网上交易。

实现网上直销型企业间电子商务，要求企业的实力比较雄厚，而且企业必须能进行柔性化生产，企业的业务流程必须是以顾客为导向的。企业实现网上直销型企业间电子商务，主要目的是降低成本，并扩大服务市场范围。

2. 网上直销型企业间电子商务系统的特点

网上直销型企业间电子商务系统，除具备网上商店所具备的网上支付功能、配送功能和网上订货功能外，还必须有企业内部的柔性生产、后勤系统配套的特点。

网上直销型企业间电子商务的主要特点是利用Internet代替传统的中间商，如零售商和批发商。这既可以提高企业对市场的反应速度，又可以减少企业的营销费用，特别是营销渠道费用，以更低廉的价格为客户提供更满意的服务。因此，企业建立网上直销渠道模式，可以大大提高企业的竞争能力。利用网上直销渠道，企业可以直接与客户建立电子商务交易方式，突破经由传统中间商分销时所受到的时间和空间的限制，企业服务的客户可以跨越时空，从而扩大企业的市场份额。

3. 网上直销型企业间电子商务的基本应用

要建立完善的直销型企业间电子商务，必须改变企业的业务流程，实现按订单生产。要实现企业业务流程的转变，还必须改变企业的组织结构，实现横向沟通，组织结构必须根据业务流程的需求，将结构扁平化和网络化。

目前实现直销型的企业间电子商务主要是生产型企业，他们将分销渠道移到网络。值得注意的是，企业在采用网上直销模式时，必须考虑企业客户的习惯和已经建立的营销渠道中间商的反应。如果贸然采用网上直销型模式，而放弃传统的已经建立完善的营销渠道，可能给企业带来巨大的市场风险。目前，企业采取较多的模式还是传统营销渠道，只是在尝试网上直销型渠道模式。

4. 网上直销型企业电子商务条件下物流业务流程（图2-11）

实现网上直销型企业间电子商务，不仅仅是在网上销售产品服务，还需要将传统营销渠道中提供的各种服务特别是售后服务整合到网上，否则难以完全满足客户的全部需求。如Dell公司在网上为客户提供产品的同时，允许客户实时查询订单处理情况，从网上获取技术支持和升级软件。

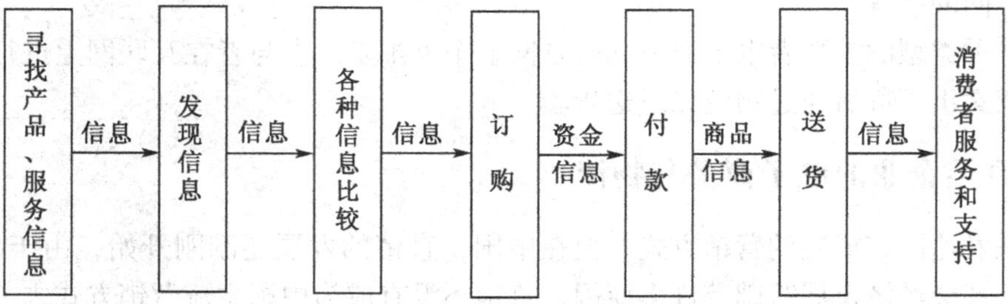

图2-11　网上直销型企业电子商务条件下物流业务流程

5. 直销型企业物流作业流程

电子商务本身是一条新的销售渠道，因此，制造商应根据自己的情况设计物流作业流程。下面以电脑行业直销的先驱Dell公司为例分析和说明其物流过程。在Dell的直销网站（http：//www. dell. com）上，提供了一个跟踪和查询消费者订货状况的接口，供消费者查询从发出订单到订货送到消费者手中整个过程的状况，Dell对待任何消费者（个人或单位）都采用定制的方式销售计算机系统，其物流服务也配合这一销售政策而实施。

Dell公司的物流从确认订货开始，确认订货是以收到货款为标志的，在收到用户的货款之前，物流过程并没有开始，收到货款之后需要2天时间进行生产准备、生产、测试、包装、发运准备等。Dell公司在中国的工厂建在福建厦门，在中国的物流发货委托了一家货运公司，由于用户分布在广大的市场，Dell公司向货运公司发出的发货通知可能十分零星和分散，但Dell公司许诺在款到后2～5天送货上门。

知识检验

一、单项选择题

1. 生产企业物流可以将之细分为采购物流、厂内物流、（　　）、退货物流和废弃物回收物等物流活动。

A. 销售物流　　B. 原材料、零配件部件物流

C. 半成品物流　　D. 产成品物流

2. 配送中心的形式主要有（　　）、零售型和仓储型三种类型。

A. 采购型　　B. 出货型　　C. 拣选型　　D. 批发型

3. 按生产操作对象的不同，下列具体的物流活动有（　　）。

A. 机械连动物流系统　　B. 产业车辆物流系统
C. 回收物流　　D. 传动带、输送机物流系统

4. MRP 是（　　）的简称。
A. 生产资源计划　　B. 精益生产　　C. 准时化生产　　D. 企业资源计划

二、判断题

1. 生产企业物流可以将之细分为采购物流、厂内物流、销售物流、退货物流和废弃物回收物流等物流活动。（　　）

2. 网上直销型企业间电子商务是指直接提供产品服务的企业，改变传统的营销渠道，将 Internet 作为新兴的销售渠道实现企业间的交易。（　　）

3. 传统的物流服务还能适应现代企业的生产运作模式。（　　）

4. 物流中心、配送中心实现效率化，商品配送的市场化和公开化是商贸企业电子商务的特点。（　　）

三、简答题

1. 电子商务环境下的商贸企业的物流业务流程是怎样的？
2. 简述电子商务环境下的制造企业的物流业务流程划分为哪些步骤。
3. 简述直销企业的电子商务与物流。

课题二　B2B 电子商务系统下的物流系统

企业对企业（Business to Business，B2B）的电子商务是指企业（包括商业、制造业）使用 Internet 或各种商务网络向供应商订货，接收发票和付款。企业可以在网络上发布信息，寻找贸易机会，通过信息交流比较商品的价格和其他条件，详细了解对方的经营情况，选择交易对象。在交易过程中，可以迅速完成签约、支付、交货、纳税等一系列操作，加快货物和资金的流转。企业对企业的电子商务是电子商务的主流，电子商务环境下企业成本优势的建立和保持必须以可靠和高效的物流运作为保证。

B2B 模式的电子商务面向企业整个供应链管理，大大简化了业务流程，并带来了供应链的变革，使企业降低交易成本、缩短订货周期、改善信息管理和提高决策水平，从质量、成本和响应速度三方面改进企业经营，增强企业商务竞争能力。

一、电子商务环境下的供应链管理与物流

1. 供应链物流管理的概念

供应链是围绕核心企业，通过对物流、信息流、资金流的控制，从采购原材料开始，制成中间产品及最终产品，最后由销售网络把产品送到消费者手中，将供应商、制造商、分销商、零售商、最终用户连成一个链状结构。

供应链管理借助信息技术和电子商务，将供应链上业务伙伴的业务流程相互集成，从而有效地管理从原材料采购、产品制造、分销，到支付给最终用户的全过程。在提高客户满意度的同时，降低成本，提高企业的效益。供应链物流管理指的是用供应链管理思想实施对供应链物流活动的组织、计划、协调与控制。

小资料

供应链物流管理方法

供应链物流管理应用了很多管理思想和方法，如系统理论与集成思想、准时制（JIT）、快速反应（QR）、有效客户反应（ECR）等。

一般物流管理的主要对象是采购/销售物流和生产物流，追求局部利益最大化；而供应链物流管理的范围不仅包括采购物流、销售物流和生产物流，还包括回收物流、退货物流、废弃物流等反向物流。并且，采购物流、销售物流不仅是单阶段的物流，而且包括供应链渠道内成员从原材料获取到最终客户产品分销整个过程的采购物流、销售物流活动。供应链物流管理强调供应链成员组织不再孤立地优化自身的物流活动，而是通过协作、协调与协同，提高供应链物流的整体效率。

供应链物流管理注重总的物流成本与客户服务水平之间的关系，利用系统理论和集成思想，把供应链成员内各职能部门以及成员间相关职能部门有机地结合在一起，从而最大限度地发挥出供应链整体优势，增强供应链整体的竞争力，最终达到供应链成员整体获益的目的。

2. 电子商务环境下企业实现供应链物流管理的意义

对企业来说，供应链管理是关系到自身生存、发展的关键，企业只有建立、完善了自己的供应链管理系统，才能更好地对企业自身的采购、销售活动加以控制，才能更好地完成企业自身的商务经营活动。同样，对于那些希望开展全面电子商务的企业，也必须拥有极为完善的供应链管理系统，信息流、资金流才能与物流实现真正的统一，商品才能完全在电子商务的基础上实现从供应商到最终用户的目的，生产商、运输商、零售商等企业才能完全联系在一起，更好地进行企业之间的协作。企业未来的竞争主要就是供应链的竞争，谁的供应链结构更加优化，谁的企业经营成本就更低，与客户之间的联系就更为密切，谁才能在市场竞争中保持竞争优势和竞争地位。

建立更加有效的供应链管理系统，已成为企业维持和增长市场份额、减少生产过程消耗的基础，企业只有建立完善的物流和供应链管理体系，才真正把客户的利益放在了首位，才能更好地提高企业自身的生产运作效率。

通过B2B供应链管理解决方案，企业用户只需要追加少量的投资，就可以更加充分、有效地管理和控制企业的整个供应链环节（采购—生产—流通—仓储—销售），从而能够对市场和客户的需求做出快速反应，减少企业在采购、生产、流通、仓储、销售环节中的损失，获得更高的利润和市场份额。

3. 电子商务环境下供应链管理解决方案的核心目的

电子商务环境下供应链管理解决方案的核心目的，是帮助供应商、物流运输企业和采购用户企业之间建立更好的贸易伙伴关系，使所有的贸易伙伴之间能够通过网络平台和应用软件解决方案，共同分享商品采购、销售、库存、运输和物流信息，从而更好地对企业采购、生产、流通、仓储、销售活动进行全程监控，使企业的整个供应链更加有效，为企业的生产经营活动提供更好的基础和平台。

二、电子商务对企业物流的要求

电子商务中企业物流管理的目标主要包括：快速反应、最小变异、最低库存、整合运输、产品质量以及生命周期支持等。

电子商务环境下，电子商务运营模式中的不同主体形式所面对的物流问题是不一样的。因此，不可能存在统一的物流模式。

1. 生产商的物流系统

（1）采购物流的高度化　为了削减商品制造过程中大量零部件的库存所占的费用，提高企业的竞争能力，应极力推行在途库存的生产体系。它的基本思想是“在必要的时间，对必要的零部件从事必要量的采购”。在具体方法上，生产商以时间为单位来划分各时间段所需的零售件，相应零售件的订货单位也小型化，以此为基础向部件生产商订货，并要求在规定的时间内送到装配工厂。

（2）销售物流的高度化　实行物流中心的集约化。将原来分散在各支店或中小型物流中心的库存集中在大型物流中心，通过数字化设备或信息技术实现进货、保管、在库管理、发货管理等物流活动的效率化、省力化和智能化；原来的中小批发商或销售部可以转为生产商销售公司的形式，专职从事销售、促进订货等商流服务，从整体上达到提高物流效率的目的。

（3）流通信息网络与零售支持的高度化　生产商以现代物流为基础，设计实施从产品设计（包装尺寸）开始，物流系统有机运转，追求全体效率化的信息系统和网络。开展零售支持型的物流活动，对本企业在零售店的订货方式、商品陈列方式、储藏等活动予以支持和指导。

2. 批发商的物流系统

在电子商务环境下，现代批发业的物流系统构筑大致表现为：

（1）备货范围广泛化，配送行为快速化　批发业越来越向“订货少量化”“少量化多频度配送”“在库时间缩短”等方向发展。

（2）建立高度化的物流系统　建立高度现代化的物流中心，积极采用计算机在库管理，应用自动化的作业手段，推动物流中心现代化，这是备货范围广泛化、配送行为快速化的物质基础。

（3）物流中心的机能分化　根据物流要求、流通特性等标准进行适当划分，在物流中心内成立单独的物流机能是目前批发业为适应物流发展而进行的组织机能变革的重要措施。经过机能分化后，在物流作业自动化、机械化的基础之上，争取顾客信赖，渐渐使物流活动向无检查进货发展。

（4）向零售支持型发展　努力确保客源，打破产业界限，实行售后支持和共同配送。

三、现代信息技术对企业物流的整合

现代企业通过采用各种不同的信息技术来提高生产领域的运作绩效。

例如：联想立体仓库的信息化程度非常高，它可以实现和ERP的数据交互，从而可以实现在线自动核算、应收、应付账款等财务信息的自动生成，使货位准确率达到100%，并实现动态实时盘点。通过采购商务部采购到货，经过扫描之后入库，SCMS系统会自动分配一个地址，堆垛机开始运作，同时通过与ERP的交互，财务可以看到这批材料的状态由材料采购在途变成材料在库，并根据相应采购计划生成材料应付账款；如果根据生产计划安排，这批物料需要调到生产线上使用，在物料出库扫描的同时，通

> 知识卡
>
> **ERP**
>
> ERP是英文Enterprise Resourse Planning的缩写，中文意思是企业资源规划。它是一个以管理会计为核心的信息系统，识别和规划企业资源，从而获取客户订单，完成加工和交付，最后得到客户付款。

过 ERP 系统，财务可以看到物料的状态由材料在库变成在线产品的一部分，并根据批次成本进行在线产品的自动核算；成品下线时经过扫描，发送给渠道，财务产生应收款。这就是 ERP 和立体仓库之间无缝集成、实时交互数据的全过程。

四、电子商务环境下从供应链管理的角度对 B2B 企业物流支持系统的整合

在电子商务环境下，企业之间通过 Internet 实现信息共享，企业内部通过内部网并采用 MRPII（制造资源计划）或 ERP 等管理软件实现信息共享，实现计算机辅助管理。因此，企业运作均建立在计算机网络支撑平台上。在这样一种环境下，应该对原有的业务流程进行重新设计，以便提高企业和整个供应链的竞争力。

1. 电子商务环境下供应链的构成

电子商务环境下整个供应链是由供应商、制造商、物流中心和顾客所组成的，供应商、制造商、物流中心和顾客通过 Internet 共享需求信息，供应商根据顾客的需求，生产所需要的原材料，原材料经过制造商的加工、包装等一系列作业后，将产品集中到物流中心，物流中心根据顾客的订单情况，将货物送到顾客手中。

2. B2B 的电子商务模式弥补了传统供应链的不足

B2B 的电子商务模式弥补了传统供应链的不足，它不仅局限于企业内部，而是延伸到供应商和客户，甚至延伸到供应商的供应商和客户的客户，建立的是一种跨企业的协作，覆盖了从产品设计、需求预测、外协和外购、制造、分销、储运和客户服务等全过程。居于同一供应链的厂商之间形成战略合作伙伴关系，达到“双赢”。

> **想一想**
>
> 供应链企业如何达到“双赢”？

B2B 的电子商务模式带来了供应链管理的变革。它运用供应链管理思想，整合企业的上下游的产业，以中心制造厂商为核心，将产业上游供应商、产业下游经销商（客户）、物流运输商及服务商、零售商以及往来银行进行垂直一体化的整合，构成一个电子商务供应链网络，消除了整个供应链网络上不必要的运作和消耗，促进了供应链向动态的、虚拟的、全球网络化的方向发展。它运用供应链管理的核心技术——客户关系管理（CRM），使需求方自动作业来预计需求，以便更好地了解客户，给他们提供个性化的产品和服务，使资源在供应链网络上合理流动来缩短交货周期、降低库存，并且通过提供自助交易等自助式服务以降低成本，提高速度和精确性，提高企业竞争力。

3. B2B 电子商务模式有效实施的关键

B2B 电子商务模式的有效实施，关键是供应链在企业内外是否有效衔接、企业内部供应链的信息系统是否与企业内部的业务系统如 ERP（企业资源计划）、CRM（客户关系管理）等有机结合在一起。

要提高企业供应链管理的竞争力，必然要求企业过程的再造。B2B 电子商务模式促进了企业三个层次的过程再造。对于 B2B 的电子商务，这个变革已突破了企业内部，是把供应链上的所有关系企业与部门都包括进来，是对整个供应链网络上的企业过程再造。

B2B 电子商务模式还实现了在整个产业乃至全球的供应链网络上的增值。

4. 在电子商务支持下构建供应链管理业务流程

在供应链环境下，企业间的信息可以通过 Internet 传递，上、下游企业间的供、需信息

可以直接从不同企业的网站上获得。这样可以简化上游企业的业务流程，处于供应链上的企业（如某供应商）不是被动地等待需求方（如用户或供应链下游的企业）提出订货要求再来安排生产，而是可以主动地通过 Internet 了解下游企业的需求信息，提前获取他们的零部件消耗速度，这样一来就可以主动安排好要投入生产的资源。在这种情况下，生产管理部门具有一定的主动权，销售部门不是生产部门的上游环节，而是和生产部门处于同一流程的并行环节上。这样，减少了信息流经的部门，因而减少了时间消耗。此外，由于流程环节少了，也减少了信息的失真。销售部门可将获取的信息作为发货和资金结算的依据。

企业提高了对需求方的响应速度，因此比潜在的竞争对手更有竞争力。由于可以对需求方提供及时、准确的服务，节省了需求方为向供应商发出订货信息而花费的人力和时间，因而大受下游企业的欢迎。

供应链管理环境下的企业间完成供需业务的流程也同样发生了变化。制造商和供应商之间通过 Internet 实现信息共享，双方又建成了战略合作伙伴关系，每个企业在整个供应链中承担不同的责任，完成各自的核心业务。

知识检验

一、单项选择题

1. 电子商务环境下整个供应链是由（　　）、制造商、物流中心和顾客所组成的。

A. 信息中心　　B. 供应商　　C. 物流运输商　　D. 物流服务商

2. CRM 指的是（　　）。

A. 准时制　　B. 快速反应　　C. 客户关系管理　　D. 企业资源计划

3. 电子商务中企业物流管理的目标主要包括：（　　）、最小变异、最低库存、整合运输、产品质量以及生命周期支持等。

A. 快速反应　　B. 慢速反应　　C. 最大变异　　D. 最高库存

二、判断题

1. 企业对企业（Business to Business，B2B）的电子商务指的是企业与消费者之间进行的电子商务活动，是基于因特网的电子化商业零售和商业服务。（　　）

2. 供应链物流管理强调供应链成员组织孤立地优化自身的物流活动，通过协作、协调与协同，提高供应链物流的整体效率。（　　）

3. 企业未来的竞争主要就是供应链的竞争，谁的供应链结构更加优化，谁的企业经营成本就更低，与客户之间的联系就更为密切，谁才能在市场竞争中保持竞争优势和竞争地位。（　　）

4. B2B 电子商务模式实现了在整个产业乃至全球的供应链网络上的增值。（　　）

三、简答题

1. 什么是供应链？电子商务环境下供应链管理解决方案的核心目的是什么？

2. 电子商务对企业物流有什么要求？

课题三　B2C 电子商务系统下的物流系统

企业与消费者（B2C，Business to Consumer）的电子商务指的是企业与消费者之间进行的电子商务活动，是基于 Internet 的电子化商业零售和商业服务。企业与消费者之间的电子商务主要表现为网上购物，通过网络提供给消费者以有形产品（如食品、服装、书籍、计算机等）和无形产品（如软件和娱乐等）。这种全新的购物方式将给消费者带来极大的方便，做到足不出户，买遍世界，同时也给商家带来新的商机和效益。目前Internet上已遍布各种类型的商业中心，提供各种商品的电子商务服务，主要有鲜花、书籍、计算机、汽车和各种消费商品交易和服务。

一、B2C网站的物流系统概况

> **想一想**
>
> 如果网上所购的商品迟迟不能送到，或是送非所订，或是出现商品质量问题，或是还要收取高额的其他费用，那么电子商务的优势在哪儿呢？

作为以数目巨大的消费者为核心的电子商务交易平台，B2C面临着来自安全认证、电子支付、上网速度与费用，特别是配送与服务方面的瓶颈限制。电子商务在最大程度上方便了最终消费者，使他们足不出户就可以买到自己需要的商品，从而节省时间和金钱。但相当多的企业对消费者的电子商务（B2C）网站都发生过商品延迟交付、商品损毁、商品缺件以及张冠李戴、账目错误等形形色色的问题，这从根本上讲是一个供货系统的问题。所以采用便捷高效的现代化的物流系统是电子商务成功的根本保证。

因此，发展电子商务必须首先发展高效率的物流和配送系统。商品配送中心的出现使网上商业企业可以减少传递实物商品的过程，甚至可以完全不接触实物商品，成为完全靠信息生存的企业。网上商业企业需要做的便是提供内容丰富的商品目录，以能吸引顾客的形式在网上发布，并接受顾客订单，然后将订单直接转给生产厂家，或转给商品配送中心。

二、B2C的物流支持系统

1. B2C的物流配送支持方式

1）建立自己相对完善的配送体系。

2）电子商务公司不拥有自己的任何物流实体。

3）自营与外包相结合的配送模式。

2. B2C电子商务的具体实现模式

目前，B2C电子商务的具体实现模式主要有两类：

第一类称为电子商务直销模式，如图2-12所示。

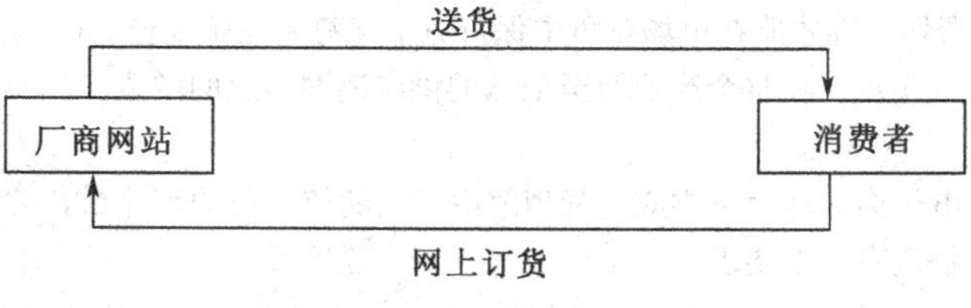

图2-12　电子商务直销模式

图2-12中的模式是指“厂商网站”（即传统制造型企业在互联网上建立了自己的网站后），为便利消费者购买本企业产品的电子商务模式。这种电子商务模式的优点是：厂商熟悉自己的产品，能给顾客提供包括产品规格、品质、分类在内的全面信息，能提供完整的售后服务支持，同时厂商能控制产品的生产流程及存货水平，避免出现不能满足顾客需求的情况，也不会因为实施电子商务带来额外的存货风险。而它的不足主要体现在这种电子商务模

式提供的商品品种单一，顾客缺乏对同类产品的比较，且厂商应付数量小、批次多的 B2C 电子商务会对企业的生产带来一定的影响。因此，这类模式更适合 B2B 类电子商务活动或者那些产品较为特殊的行业开展 B2C 类电子商务。

第二类称为 B2C 亚马逊模式，如图 2-13 所示。

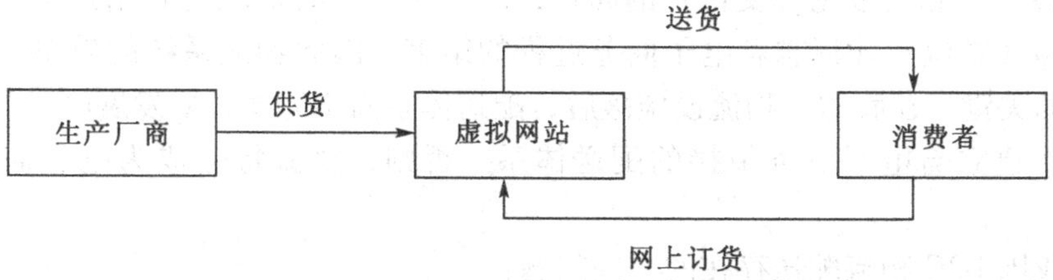

图 2-13　B2C 亚马逊模式

图 2-13 中的模式是指专门从事电子商务的网站建立起产品生产厂商与消费者之间的购物平台，从产品的生产厂商处进货后销售给最终消费者。它的作用和地位相当于现实生活中一般的流通企业，只是与传统的流通企业相比减少了中间环节，并希望以此达到降低成本的目的。这是目前 B2C 类电子商务普遍采用的一种模式。这一模式的主要优点是网站提供的商品种类丰富、顾客选择余地大，所以更能吸引和留住顾客。而它的不足主要表现在购进销售所需的产品成本较高，且容易因为产品编制、顾客购买偏好转移等原因造成库存风险。同时，也提高了电子商务网站对库存管理的难度。

3. 目前国内 B2C 类电子商务所采用的物流形式

目前，国内 B2C 类电子商务所采用的物流形式主要有三类。

（1）邮政体系配送（特别是 EMS 体系）　邮政体系配送是指厂商网站或虚拟网站（以下简称网站）在其营业地点建立产品仓库，根据消费者网上购物清单和消费者家庭地址信息，办理邮政递送手续，通过邮寄手段（特别是 EMS 特快专递）将货物送到消费者手中。这种方式的不足之处是：

1）普通邮递速度慢，而 EMS 服务收费偏高。

2）EMS 特快专递服务，虽是“特快”，也难以在购物的当天把货品送达，而这一点是大多数消费者非常关注的。

3）邮政体系服务水平偏低，容易造成包装破损、货物损坏。

（2）网站自建配送体系　网站自建配送体系是指网站在其目标市场上设置的送货点。即网站在网民较密集的地区设置仓储中心和配送点，网站根据消费者购物清单和消费者家庭住址信息，由消费者所在地附近的配送中心或配送点配货并送货上门。这种配送方式，虽然可以克服前一种模式“不够快”的问题，从而满足消费者“即购即得”的购物心理，但也存在如下问题：

1）配送中心和配送点建设需要大量投资，将带来成本的增加，冲抵网络购物的优势。

2）配送中心配送点需要建多少，事先难以确定。

3）存货带来库存风险。

（3）借助第三方物流企业　网站根据消费者网上购物清单和消费者家庭地址信息，利用“第三方物流企业”的交通、运输、仓储连锁经营网络，把商品送达消费者。采用这种送货方式，由于送货量往往较小，虽然送达消费者的时间较EMS快，但送货费用一般比EMS还高。

三、目前我国B2C网站物流配送存在的问题

电子商务通过快捷、高效的信息处理手段可以比较容易地解决信息流（信息交换）、商流（所有权转移）和资金流（支付）的问题，而将商品及时地配送到用户手中，即完成商品的空间转移（物流）才标志着电子商务过程的结束，因此物流系统的效率高低是电子商务成功与否的关键。在我国，物流设施落后，配送体系尚不完善，要发展电子商务首先应改造物流设施，建立与电子商务衔接的配送体系。否则，物流将会成为电子商务的最大的瓶颈。

现阶段我国B2C物流配送存在的一些问题：

1）配送规模较小，发展不平衡。

2）配送中心现代化程度低。

3）配送中心的功能不健全。

四、物流配送对B2C电子商务的重要意义

物流配送对B2C电子商务具有重要的意义。制定和执行一套合理的物流方案时，应该重点考虑以下因素：

1）消费者的地区分布。

2）销售的品种。

3）配送细节。

4）服务提供者。

5）物流成本与库存控制。

此外，在设计电子商务的物流方案时，还应规划好运输工具、运输方式及运输方案等。

知识检验

一、单项选择题

1.（　）的电子商务指的是企业与消费者之间进行的电子商务活动，是基于因特网的电子化商业零售和商业服务。

A. B2B　　B. B2C　　C. C2C　　D. B2G

2. 如何采用便捷高效的现代化（　）系统就成为电子商务成败的根本保证。

A. 金融　　B. 计算机　　C. 安全　　D. 物流

3.（　）模式指的是："厂商网站"（即传统制造型企业，在互联网上建立了自己的网站后）为便利消费者购买本企业产品的电子商务模式。

A. 电子商务直销模式　　B. B2C亚马逊模式

C. EM体系　　D. 网站自建配送体系

4.（　）是指厂商网站或虚拟网站（以下简称网站）在其营业地点建立产品仓库，根据消费者网上购物清单和消费者家庭地址信息，办理邮政递送手续，通过邮寄手段（特别是EMS特快专递）将货物送到消费者手中。

A. 电子商务直销模式　　B. 借助第三方物流企业

C. 网站自建配送体系　　D. 邮政体系配送

二、判断题

1. 企业与消费者（Business to Consumer，B2C）的电子商务指的是企业与消费者之间进行的电子商务活动，是基于因特网的电子化商业零售和商业服务。（　　）

2. 将商品及时地配送到用户手中，即完成商品的空间转移（物流）才标志着电子商务过程的结束，因此金融系统的效率高低是电子商务成功与否的关键。

3. 网站根据消费者网上购物清单和消费者家庭地址信息，利用“第三方物流企业”的交通、运输、仓储连锁经营网络，把商品送达消费者的过程。采用这种送货方式，由于送货量往往较小，所以送达消费者的时间较 EMS 慢，送货费用一般比 EMS 还便宜。（　　）

4. 网站自建配送体系是指网站在其目标市场上设置的送货点。（　　）

三、简答题

1. B2C 的物流配送支持方式有几种形式？

2. 目前我国 B2C 网站物流配送存在的问题有哪些？

课题四　技能训练

任务描述

假设你现在是一名电子商务专业的学生，只有八千元的存款，想用这些钱买一台笔记本式计算机（不是二手），上各大网站浏览，收集信息，进行比较，希望能找到一台最适合自己使用且性价比高的笔记本式计算机。最后，选中一台联想笔记本式计算机。

现请你在“联想官方网上商城”注册、查询并购买一台笔记本式计算机，联想中国网站主页如图 2-14 所示。最后，取消订单。记录并描述选中的笔记本式计算机的网址、图片及性能。

图 2-14　联想中国网站主页

任务目的

考核学生对B2C的掌握情况。

任务实施

1）登录“联想官方网上商城”（http：//shop. lenovo. com. cn/ ）。

2）注册。

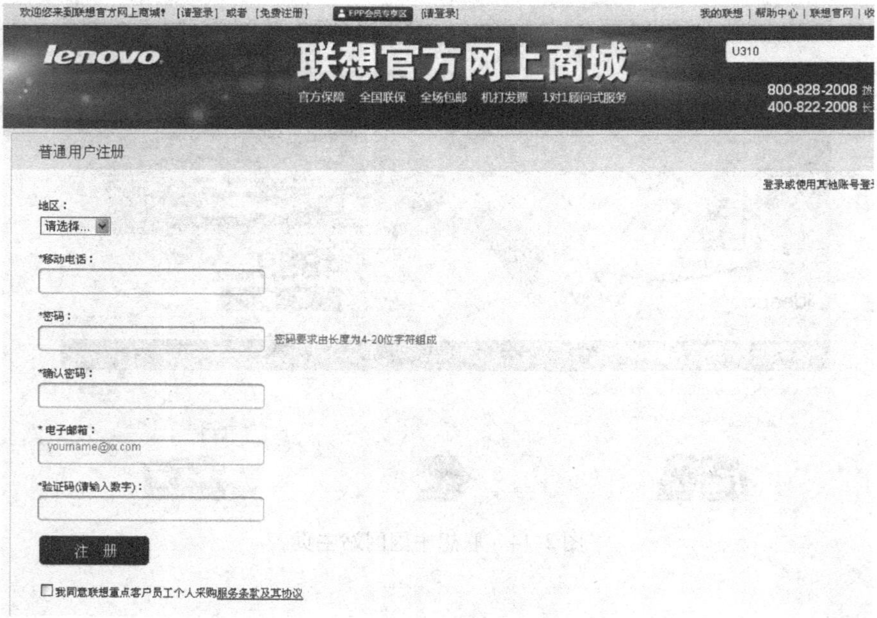

3）注册成功后，可以直接登录联想官方网上商城。同时，移动手机用户会收到短信通知“用户名和密码”。

4）购买指定的一台笔记本式计算机，放入购物车。

5）核对联想官方网上商城购物车内信息。

6）结算，填写收件人信息。

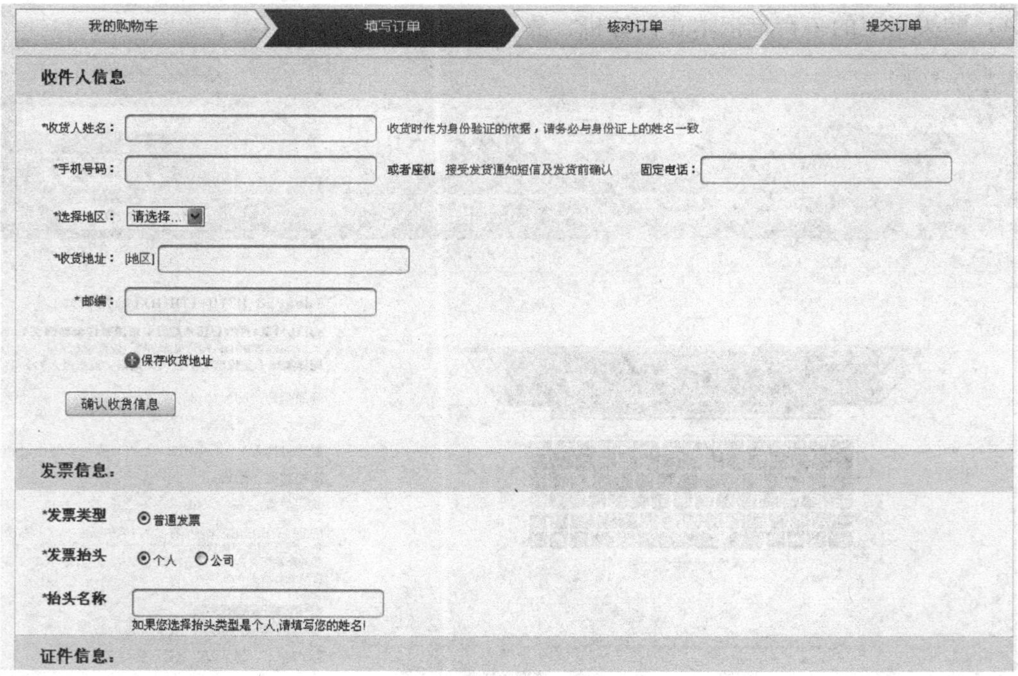

7）确认支付方式和送货方式。

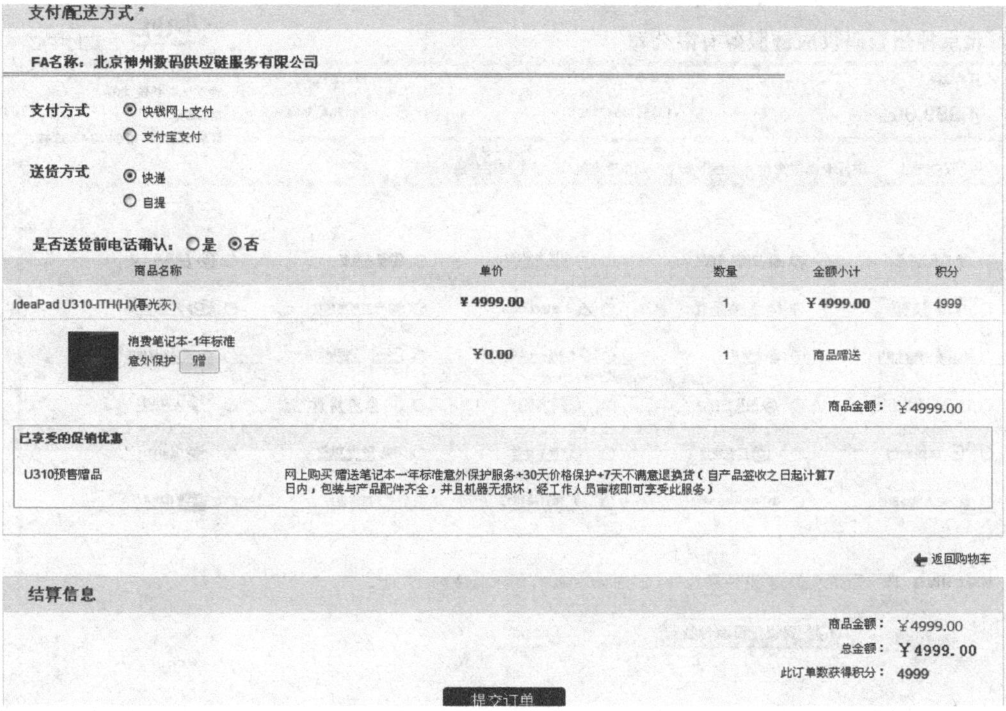

支付配送方式 *
FA名称：北京神州数码供应链服务有限公司
支付方式
快钱网上支付
支付宝支付
送货方式
快递
自提
是否送货前电话确认：是 否
商品名称
单价
数量
金额小计
积分
IdeaPad U310-ITH(H)(春光灰)
¥4999.00
1
¥4999.00
4999
消费笔记本-1年标准意外保护
赠
¥0.00
1
商品赠送
商品金额：¥4999.00
已享受的促销优惠
U310预售赠品
网上购买 赠送笔记本一年标准意外保护服务+30天价格保护+7天不满意退换货（自产品签收之日起计算7日内，包装与产品配件齐全，并且机器无损坏，经工作人员审核即可享受此服务）
返回购物车
结算信息
商品金额：¥4999.00
总金额：¥4999.00
此订单数获得积分：4999

8）订单提交。

lenovo
联想官方网上商城
官方保障 全国联保 全场包邮 机打发票 1对1顾问式服务
U310
800-828-2008 拨打免费
400-822-2008 长途免费
所有产品分类
商城首页
特惠专区
银行分期专区
团购
购物车中有 0 件商品
结 算
我的购物车
填写订单
核对订单
提交订单
订单已成功提交!
订单编号：20120423161161
应付金额：¥4,999.00
支付方式：快钱网上支付
查看订单详情>>
立即支付
lenovo
购物指南
购物方式
服务商信息
购买流程
会员注册
配送方式
配送方式
物流查询
签收原则
支付方式
支付宝支付
快钱支付
线下支付
货到付款
订单信息
订单状态
发票制度
售后服务
服务政策
关于优惠券
优惠券使用

9）快钱支付。

10）取消订单。

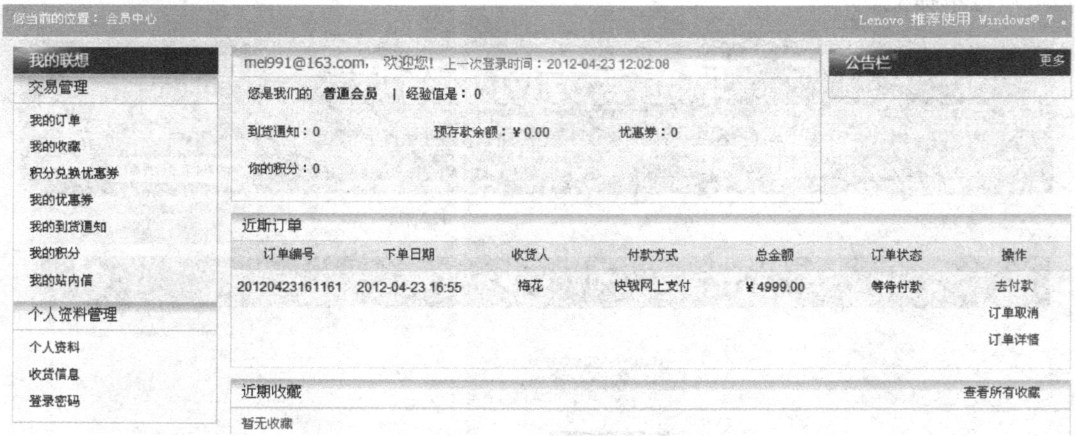

任务相关资料记录

1. 联想官方网上商城注册用户邮箱：________________，密码：________________

2. 笔记本计算机正面视图：

笔记本计算机顶部视图：

3. 购买的笔记本式计算机的性能描述：

处理器：________________

液晶显示屏：________________

显卡：________________

内存：________________

存储：________________

无线网络：________________

重量：________________

任务评价

项目（或任务）编号			学时		学生姓名		总分	
类别	序号	评价项目	评价内容及要求	评价标准	配分	学生自评	学生互评	教师评价	得分

类别	序号	评价项目	评价内容及要求	评价标准	配分	学生自评	学生互评	教师评价	得分
岗位技能评价	1	注册	能够注册	不会注册无分	20				
	2	搜索笔记本式计算机，下订单	能够搜索正确的目标，并下订单	不会搜索无分	20				
	3	取消订单	能够取消	不会取消无分	20				
	4	运用知识能力	能够运用知识点解决案例问题	不会运用无分，会运用一部分减分	30				
	5	完成时间	按时完成任务	不按时完成无分	10				
职业素质评价	6	安全生产	遵守设备（计算机实训室）安全操作规程	不遵守有关规定扣1~5分					
	7	文明生产	遵守实训室卫生文明规则	不遵守有关规定扣1~5分					
	8	沟通交流	积极主动性强	不积极沟通扣1~5分					

注：按学生自评占20%、学生互评占30%、教师评价占50%计算总分。

任务小结

授课班级		授课时间		授课地点	
授课教师			任务名称		
学生表现					
存在问题及改进方法措施					

任务拓展

联想公司的供应链模式

本章开篇提出了联想公司过去采用的方法。为了解决过去的问题，联想公司设计的供应链模式是按市场供应、按订单生产，变企业推为用户拉。用户、代理商不用考虑库存有没有，只管把他们需要的产品（可以是产品目录中有的，也可以是配置自选、完全个性化的）订单交给系统，然后联想公司的供应系统（采购、生产、配送）立即转动起来，保证在最短的时间里完成这个订单，把货交到用户手里。而这种营销模式最核心的问题是怎样既能快速满足客户的订单，同时又不需要储备大量的库存造成积压。这就要求企业必须建立一个科学的资源计划模型，通过计划系统自动驱动采购、生产、销售各环节，能够做到准确预测，并根据市场的变化及时做出调整。要实现这些功能，没有信息化的手段是不可想象的。

代理渠道的满意对联想公司而言是至关重要的，经过几年的努力，联想公司现在已形成了以客户订单为驱动，ERP为基础的，完全基于网络的订单管理体系。目前，联想网上下单已经超过全部订单的99%。代理商通过互联网，可以查阅到产品的全部信息，填写订单时，只需按照提示，单击所选机型，填上订购数量，相应的付款数额即自动生成。订单中心也省略了手工录入和计算的麻烦，只需对代理商身份的真实性进行确认即可，从而使接收订单的时间大大缩短。过去接收一张订单至少要1h，现在只需几分钟，并且保证了订单数据的准确性。

问题讨论：

参考案例谈谈其供应链管理的模式及主要的优势（从B2B、B2C电子商务为主的网上商店与传统商店的功能区别，主要从交易方式、购物过程和支付方式上论述）。

B2B下的物流运作

以网上联邦（http：//cndxp. apac. fedex. com/）(图2-15）为例。

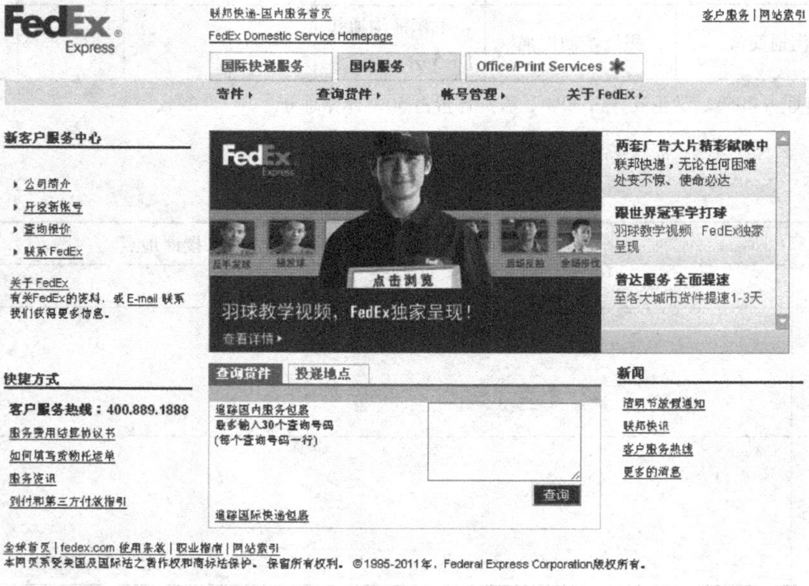

图2-15　联邦网站主页

联邦总部采用正规连锁与特许连锁并行的方法，从1994年开始建立7个直营店之后，就开始四处建立特许加盟店，直至发展到如今300多家专卖店。同时网上联邦作为B2B模式依赖传统的商业模式和物流配送体系并不断发展，在商品采购上分为首批采购和日常采购，避免产生死库存增加成本，同时也加强了专卖店订单的智能化管理；在配发货方面分为代销产品、配货产品和订货产品三块分而治之，做到密切吻合专卖店的要求，从约定数量、订货单管理和控制库风险各个方面保证质量；在厂商直供方面采用由厂商直接供货和结算由总部统一负责的途径，提高了工作效率和速度的同时降低了成本费用，减少资金占用。事实证明网上联邦的确是“赢在连锁”，以相对完善的物流体系使B2B真正成为企业的加速器。

B2C下的物流运作

以梅林正广和（http：//www. 85818. com. cn）为例（图2-16）。

上海梅林的主要生产经营范围为食品加工，电子商务主要由其子公司上海正广和网上购物销售公司进行运作，上海梅林占该公司51%的股权。上海正广和网上购物有限公司现由光明食品集团旗下上海益民食品一厂（集团）有限公司控股，成立于1998年6月，从百年品牌“正广和”脱胎而出，通过96858电话和网站，搭载星罗棋布于全市的物流配送系统，为客户提供“轻松购物，送货到家”的优质服务，成为当时国内最大的“无店铺销售”企业。公司历经九年发展，销售网络规模日渐壮大，现有电子注册客户超过两百万，成为拥有五家子公司的、新型的、多通路的现代服务贸易型电子商务企业。

一米生活，为上海正广和网上购物有限公司又一全新品牌，秉承上海正广和网上购物有限公司“为客户创造卓越价值”的使命，致力于打造新型的网上购物平台，于2007年12月在工商部门成功注册，并于2008年2月22日成功开通一米生活购物网（http://www. 1mlife. com）。一米生活购物网将通过集成供应商丰富多彩的商品和营造健康、快乐、时尚的生活方式，帮助消费者快速、便捷、安全地实现满意消费；通过量身定制的各种服务项目和解决方案，帮助供应商在降低销售成本的同时快速开拓网络销售通路，扩大品牌影响力，实现供应商满意销售；创造供应商、消费者和一米生活购物网共赢局面。

在2000年以前，上海正广和网上购物有限公司的业务运作主要通过人工电话和语音自动电话来完成，并已发展成为拥有六十余万客户、近百个配送站、遍布上海全市的销售网络。2000年1月1日，该公司的85818网站（http：//www. 85818. com. cn）开通，正式开始以互联网为依托发展电子商务，并将努力使该网站发展成为跨地区的网上零售站点。

上海梅林发展电子商务的特点是由生产加工领域向商业流通以及网络经济领域延伸，依托自身的主营业务，以电子商务带动公司主营业务的发展，并在资金投入上加大力度。

它每天的运作形式是这样的。2月22日下午，上海新闸路1124弄的一户人家拨通“85818”电话，报出自己在正广和购物网络的用户编号，要求订购两桶纯净水、一袋免淘米，并说明第二天上午家里留人，支付水票。几秒钟之内，这份订单被接线小姐输入正广和的计算机系统，系统根据用户编号从数据库中调出用户地址，再根据地址和送货时间自动把这份订单配置到第二配送站次日上午的送货单。当天21：00，位于上海繁华地带静安区康定东路16号的正广和销售网络第二配送站里，经理准时打开计算机，接收从总部传过来的送货单。这份送货单的用户全部在第二配送站的辖区——静安区东区之内，送货时间是23日上午，用户地址、电话、编号、所需货物、数量、应收款等已经被清楚地列出来。

图2-16 梅林正广和网站主页

几乎与此同时，一份相同的送货单也传到公司配送中心和运输中心。第二天一大早，运输中心派出车辆，到配送中心仓库提出已配好的货物，发往第二配送站。

第二配送站墙上贴着一张静安东区详细到门牌号的地图，签收完货物后，经理根据这张地图和自己的经验排好送货路线，把上午的单子分派给7个送货工人。整个上午，这些揣着送货单的工人蹬着有“梅林正广和”和“85818”字样的三轮车，在静安东区的弄堂里出出进进。到过上海的人，只需要在街巷里走一走，准能看见正广和的三轮车，上海人称之为“黄鱼车”，取其能自由出入窄街小巷之意。像新闸路1124弄这样的小弄堂，还真是只有这种“黄鱼车”才能进出自如，完成送货到家的“最后一公里”。

23日12：30，所有工人送货和收款的情况被汇总成表，由第二配送站的计算机传送至总部。个别没有送到的，汇总表中的“原因”一栏会被注明“01”“02”“03”，分别代表“地址错误”“家中无人”等。

各配送站每天10：30、14：30、21：30共3次接收总部的送货指令，分别安排当天下午、晚上和次日上午的送货计划，然后在每天的18：30、次日8：30、次日14：30把每天下午、晚上和次日上午的送货完成情况传回总部。每天收回的水票和现金也交至总部结算。根据这些信息，总部再决定是否有必要给配送站及时补货。

有4名职能管理人员、7名送货工人、1辆小货车和7辆“黄鱼车”、房屋月租金7000元的第二配送站，每天大概要送出大桶纯净水300多桶、袋装米30多包，还有饮料、冷饮、鲜花、罐头等其他几十种物品。在正广和遍布上海的大约100个配送站里，第二配送站的规模算是中等。据说，每个配送站的年利润都在15万~20万元。

3 个配送中心、100 个配送站、200 辆小货车、1000 辆“黄鱼车”、1000 名配送人员，构成了正广和在上海的整个配送网络。这个号称上海市区“无盲点”的网络组织严密而有序。

上海梅林的成功之处在于将公司原有的销售网络与电子商务相结合，从而顺利地实现了从传统零售方式向电子商务的过渡。并且依托自身传统的配送体系解决了电子商务的物流问题。

单元三　电子商务环境下的物流作业

知识目标

通过介绍电子商务环境下物流系统的相关概念，了解电子商务环境下的物流过程和常见的物流类型，对配送系统网络出现的问题提出对策，使学生认识电子商务环境下企业的物流业务流程。

案例导入

海尔 B2B——个性化服务让价格战息鼓收兵

作为家电行业的骄子，海尔以其卓越的技术、优良的品质、遍及全国的服务网点，创造了中国家电业的一个时代。在企业革命性的调整后，物流帮助海尔实现了革命性“零库存、零距离、零营运资本”的运作目标。JIT 采购、JIT 送料、JIT 配送是海尔实现零库存的武器。海尔目前的仓库，完成的只是一个配送中心的职能，它是为了下道工序配送而暂存的一个地方。“零库存”意味着不仅不会因这些物资积压形成呆滞物资，更重要的是它为产品生产的零缺陷铺平了道路。由于物资的采购保证了品质和新鲜度，从而使质量保证有了非常牢靠的基础。“零距离”指的是海尔在拿到用户的订单后，以最快的速度满足用户的需求。海尔目前基于物流的生产过程是“柔性”的生产线，都是根据订单来进行生产的。然后再通过全国 42 个配送中心，及时地配送到用户手中。通过这种做法尽可能地实现“零距离”。海尔家电家居界面如图 3-1 所示。

图 3-1　海尔家电家居界面（http：//www. haier. com/cn/）

近几年来，海尔走出一条B2B个性化服务之路，在中国家电业再次掀起“海尔旋风”。海尔个性化服务的主要思想就是“我的冰箱我设计”“你来设计，我为你制造”。这种B2B式的个性化服务体现了以消费者为核心的思想，这也是海尔多年“以人为本”的思想在网络时代的重放光彩。通过强大的B2B商务网络，海尔把自己与商家和消费者之间的距离大大缩短，千千万万梦想着有自己喜欢的冰箱的消费者能够自己来设计冰箱，从而让海尔在网上带给消费者一颗火热的心。海尔商城如图3-2所示。

图3-2 海尔商城（http：//www. ehaier. com）

自海尔商城推出B2B网上定制以来，在不到一个月的时间里，海尔就获得了100多万台来自全国各地大商场的定制订单，各订单在款式、功能、色泽上要求各不相同。西单商场是首家获得海尔个性化冰箱的商家，该商场通过B2B定制的近千台个性化冰箱上柜后，很快销售一空，价格尽管一分没降，但销售速度却是少有的快速。这一B2B模式能让商家对消费的调查成为真正反映消费者心理的手段，把消费者提升到一个更重要的位置。北京蓝岛大厦以前出售的波轮式洗衣机洗完衣服后常常使衣服缠在一起，他们在海尔定制了一种要洗衣机筒中心和波轮中心错位的洗衣机，这种洗衣机完美地解决了上述缺点，并且保持了原洗衣机的优点，在商场很快售空。

电子商务最核心的经营思想之一就是个性化服务，是把消费者从群演变到个人。这种理念不仅对网络企业如此，之于传统产业依然会带来滚滚财源。海尔的案例也许正印证了这一点，从国际国内的电子商务实践来分析，B2B电子商务真正的前途在于传统企业的介入，海尔选择B2B也正顺应了这一时代要求。

以青岛海尔为代表的B2B模式，是在供应商自己具备成熟的ERP系统或电子商务平台的情况下，通过Web服务实现厂商的信息平台集成，连接供应链上下环节中各企业的信息，使上下游企业的信息系统实现信息与功能的完整集成。实行对接后，双方实现了完全的信息交互，使得各自的生产、销售和计划更加高效有序。

海尔集团，自1999年开始进行业务流程再造，尝试实施供应链管理，以订单信息流为中心，带动物流、资金流运动。海尔集团实施全球采购配置资源，采用电子信息技术处理交换数据，再加上全球配送资源网络的建立，增强了海尔在国内外市场的竞争能力。目前，海尔集团每个月平均接到6000多个销售订单，订单品种达7000多个，需要采购的物料品种达15万余种。海尔通过物流整合，减少库存资金67%。海尔物流基地的诞生，不仅是企业自身提升竞争力的需要，而且把我国物流业推向新的发展层面。因为在我国物流业发展中，大家通常习惯于物流中心、配送中心层面的竞争，而对物流基地的运作方式陌生。海尔物流基地的出现，使人们对物流节点问题开始重新认识。

传统产业的B2B之路有许多优势：首先就是产品优势，一家传统企业能走过来，至少应有一个成功的品牌产品，而这也同样能托起一个电子商务企业的运作；其次是销路优势，传统企业有成熟的市场基础，如果用B2B来改造，只会更加便捷和低成本；第三，传统企业的服务体系良好，这也是B2B电子商务所必需的。

课题一　电子商务环境下的物流作业过程

一、物流作业系统

1. 电子商务环境下物流系统的概念

电子商务环境下的物流系统是指在实现电子商务特定过程的时间和空间范围内，由所需位移的商品、包装设备、装卸搬运机械、运输工具、仓储设施、人员和通信设施等若干相互制约的动态要素所构成的具有特定功能的有机整体，如图 3-3 所示。

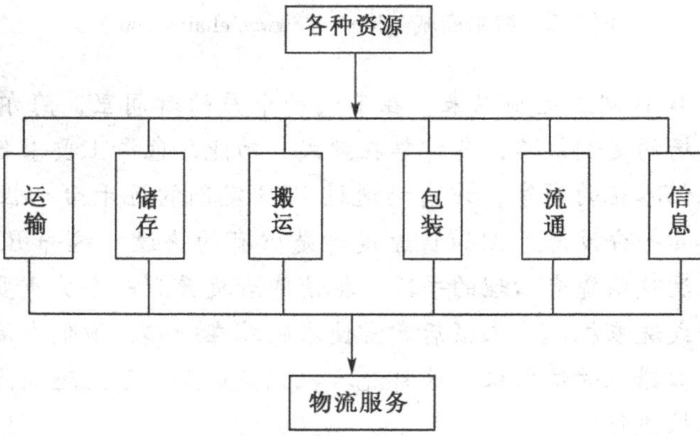

图 3-3　电子商务环境下的物流系统

2. 电子商务环境下物流系统的特征

与传统物流系统相比电子商务环境下的物流系统具有以下特征：

1）整个系统具有无限的开放性。

2）物流节点普遍实行信息化管理。

3）信息流在物流过程中起引导和整合作用。

4）系统具有明显的规模优势。

3. 电子商务环境下，对物流系统的要求

1）物流的运作方式——信息化、网络化。

2）提高物流的运作水平——标准化、信息化。

3）提高物流的快速反应能力——高速度、系统化。

4）提高物流动态调配能力——个性化、柔性化。

5）改变物流的经营形态——社会化、全球化。

二、传统商务环境下的物流流程

1. 传统商务环境下的物流功能

（1）运输功能　运输是使物品发生场所、空间移动的物流活动。

（2）储存功能　具有商品储存管理的意思，有时间调整和价格调整的机能。

（3）装卸搬运功能　装卸搬运是指发生在输送、保管、包装前后的商品取放活动，包括商品放入、卸出、分拣、备货等作业活动。

（4）包装功能　物流的包装作业目的不是要改变商品的销售包装，而在于通过对销售包装进行组合、拼配、加固，形成适于物流和配送的组合包装单元。

（5）流通加工功能　主要目的是方便生产或销售，专业化的物流中心常常与固定的制造商或分销商进行长期合作，为制造商或分销商完成一定的加工作业，比如贴标签、制作并粘贴条形码等。

（6）物流信息处理功能　由于现代物流系统的运作已经离不开计算机，因此将各个物流环节的各种物流作业的信息进行实时采集、分析、传递，并向货主提供各种作业明细信息及咨询信息是相当重要的。

2. 电子商务环境下商流和物流分离后的变化

（1）商流和物流分离的概念　尽管商流和物流的关系非常密切，但是它们各自具有不同的活动内容和规律。商流一般要经过一定的经营环节来进行业务活动；而物流则不受经营环节的限制，它可以根据商品的种类、数量、交货要求、运输条件等，使商品尽可能由产地通过最少环节，以最短的物流路线，按时保质地送到用户手中，以达到降低物流费用、提高经济效益的目的。

想一想

为什么要实行商流、物流的分离？

在合理组织流通的活动中，实行商流与物流的分离，是提高社会经济效益的客观需要，也是企业现代化发展的需要。

（2）商流、物流分离后物流功能所表现的特点（见表3-1）

表3-1　物流功能的特点

序号	项目	商流、物流没有分离	商流、物流分离
1	保管	总公司仓库和营业仓库分散保管方式	配送中心集中保管
2	输送	从工厂仓库至总公司仓库，再到批发站仓库，最后到零售店，是商、物一致的三段输送	由工厂仓库至配送中心，然后直接送至零售店的两段输送

（续）

序号	项目	商流、物流没有分离	商流、物流分离
3	配送	向各零售店送货	回路配送
4	信息系统	由总公司、批发站和工厂分头处理	以信息中心集中处理方式，用现代化通信系统进行各环节的集中控制

（3）商流和物流分离的优点

小资料

实现商流、物流分离必须创造一定的条件，如商品标准化、合同标准化等，还应该建设完善的信息系统，保证总公司、工厂、配送中心以及批发站之间的信息交换协同统一。

1）为了营业方便，公司批发站一般设在都市的繁华地区，而配送中心可以设在郊外，工厂之间的大批货物输送较为便利，可以缓和市内交通拥挤的现象。

2）配送中心的仓库规模大，物流作业集中。同一地点处理的物流量大，便于采用机械化、自动化的保管设施和装卸机械，大幅度地提高了物流活动生产率，同时也可以降低物流成本。

3）配送中心实行回路配送，提高了运输设备利用率，降低了运输费用，改善了对用户的服务质量。

4）商流、物流分离使各部门的职能单纯化，可以提高工作效率。

（4）商流、物流分离的方式　商流、物流分离的方式有：

1）订货活动与配送活动相互分离，把自备卡车与委托运输或共同运输联系在一起，降低运输费用并压缩固定费用开支。

2）把同一系统负责一定范围的物流据点合并，使物流管理一元化，压缩流通库存，减少交叉运输，便于工厂大批量运货，提高物流系统效率。

3）减少物流中间环节，流通路线可以实施从工厂经流通中心到顾客手中，甚至由工厂直接运货给顾客，可大大提高效率。

三、电子商务环境下的物流过程

1. 电子商务环境下商流和物流的一般流程（图3-4）

可以看出电子商务是集信息流、商流、资金流、物流为一身的。

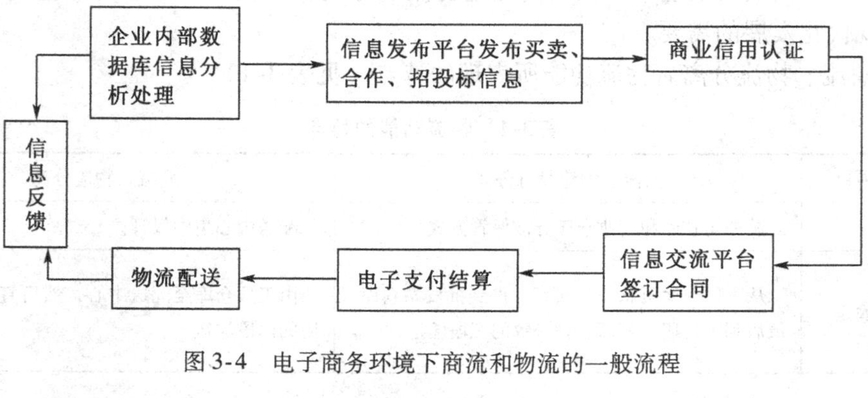

图3-4　电子商务环境下商流和物流的一般流程

2. 电子商务环境下的物流业务流程

（1）采购作业流程　在电子商务环境下，采购的范围扩大到全世界，可以利用网上产品目录和供应商供货清单。近年来，国际上一些大的公司已在专用网络上使用EDI，以降低采购过程中的劳务、印刷和邮寄费用。通常，公司可由此节约5%～10%的采购成本。

与专用增值网相比，Internet可进一步降低采购成本。大公司能从Internet的更低传输成本中获得更多收益。Internet也为中小型企业打开了一扇大门。通过Internet采购，可以接触到更大范围的供应厂商，因而也就产生了更为激烈的竞争，又从另一方面降低了采购成本，如图3-5所示。

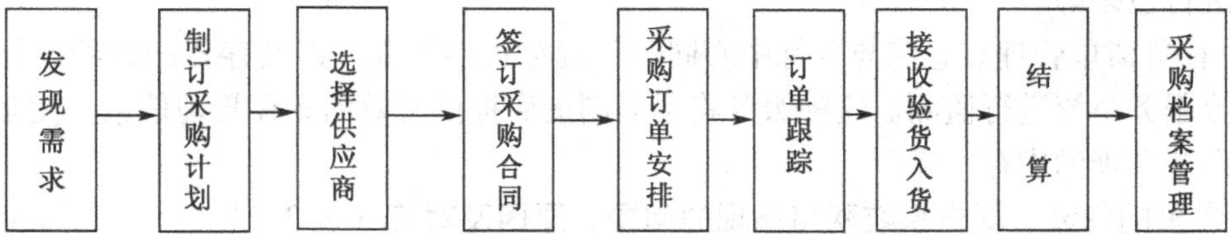

图3-5　采购作业的业务流程

（2）销售作业流程　销售作业流程，见图3-6。

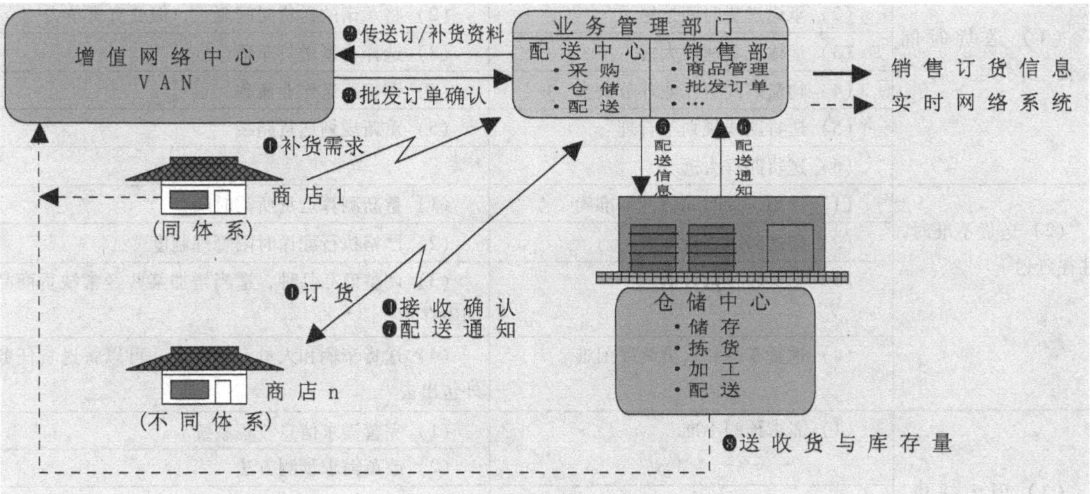

图3-6　销售作业流程

（3）仓储中心作业流程　仓储中心作业的业务过程分成如下步骤：

1）供应商将商品送到仓储中心后，卸在指定的进货区，在进货区对进入的商品进行商品验收手续，然后对验收合格的商品办理入库手续。对于验收不合格的商品办理退货或调换手续。

2）对于验收合格的商品，要填写验收合格单和入库单（包括商品的名称、数量、存放期限、存放位置等信息）。

3）对于即将入库的商品，一部分是通过型商品，一部分是存放型商品。通过型商品是指不在仓库中停留、直接发货的商品。

4）对于存放型的商品，利用电子化的物流设施送入指定存放区的库位。

5）当仓库收到配送中心的配货清单后，按照清单的要求开始备货。

6）备货结束后，开始送货。同时，将配送信息反馈给配送中心，以便配送中心进行库存量统计。

7）商品送到用户手中后，用户有检验商品的权利，如果商品与送货单不符或者商品出现破损等情况时，用户可要求退货。对于退货的商品要送回仓储中心进行处理。

仓储与分拣中心主要有以下两方面的任务：

1）分拣。当仓储中心接收到订单后，就会根据订单内容承担起分拣、包装以及运输的任务。在这个阶段，有的电子物流服务提供商还会提供一些增值服务，如根据客户特殊需求对物品进行包装等。

2）存货清单管理。仓储与分拣中心同时负责存货清单管理以及存货的补给工作，并由电子物流服务系统进行监测。这种服务将会为制造商提供有效的库存管理信息，使制造商或经销商保持合理的库存。

3. 常见的物流、配送系统网络出现的问题、原因及对策（表3-2）

表3-2　常见的物流、配送系统网络出现的问题、原因及对策

常见现象	可能的原因	对策建议
（1）送货时间太长	（1）集货的时间太长	（1）与其他商品销售商进行共同配送
	（2）承诺送货时间过短	（2）将承诺的送货时间延长，但要有竞争力
	（3）运输工具速度太慢	（3）选择小型送货车辆
	（4）物流、配送作业环节太多	（4）调整配送作业流程
	（5）送货路线规划不合理	（5）重新规划送货路线
	（6）送货路程太远	
（2）送货不准时，往往延迟	（1）计划送货时间估计不准确	（1）重新测算送货所需时间
	（2）配送时限管理不严	（2）严格执行配送时限管理制度
	（3）某些库存量过低	（3）调整商品品种，适当增加某些经常缺货商品的库存量
	（4）送货车辆和人员调度困难	（4）送货车辆和人员合理调度，可以将送货任务外包出去
（3）因为缺货，所订的货无法配送	（1）需求预测不准	（1）完善需求信息收集系统
		（2）改革需求预测方法
	（2）与畅销商品的供应商关系一般，供应商没有保证供货	（3）与畅销商品供应商建立战略伙伴关系
		（4）建立快速反应的销售和配送体系
	（3）主页上商品目录更新缓慢，对脱销商品没有及时说明	（5）及时更新主页，根据供货、需求及库存信息，及时提供订货指导
（4）送货时间不稳定	（1）配送管理无章可循	（1）制订严格的配送管理规章制度和作业规范
	（2）配送作业流程不规范	
	（3）配送车辆维护差	（2）严格配送车辆的检修和保养制度
	（4）配送人员业务素质不稳定	（3）加强配送人员培训
	（5）配送作业波动	（4）合理安排配送资源，降低配送需求波动对配送作业的影响
	（6）送货地点太分散	（5）重新规划送货地点

（续）

常见现象	可能的原因	对策建议
（5）消费者订货后无法知道送货的具体信息	（1）缺乏配送跟踪信息系统	（1）在主页中提供商品目录的同时提供查询系统界面
	（2）缺乏规范的查询信息	（2）向消费者公布查询的标准信息
		（3）建立覆盖整个物流、配送的信息网络，并实时更新物流、配送信息
（6）不知向谁反映配送中出现的问题	（1）配送系统岗位责任划分不清	（1）严格配送系统岗位责任制
	（2）有关人员没有尽职尽责	（2）严格配送人员的管理
		（3）在主页中公布客户服务电话和人员名单及投诉处理程序

知识检验

一、单项选择题

1.（　　）是使物品发生场所、空间移动的物流活动。

A. 运输　　B. 储存　　C. 装卸搬运　　D. 包装

2.“送货不准时，往往延迟”的原因是（　　）。

A. 需求预测不准

B. 与畅销商品的供应商关系一般，供应商没有保证供货

C. 主页上商品目录更新缓慢，对脱销商品没有及时说明

D. 配送时限管理不严

3. 仓储与分拨中心主要有（　　）和存货清单管理两方面的任务。

A. 物流信息处理　　B. 销售　　C. 客户关系管理　　D. 分拣

4.“送货时间不稳定”的原因是（　　）。

A. 送货路程太远　　B. 需求预测不准

C. 配送作业流程不规范　　D. 有关人员没有尽职尽责

二、判断题

1. 与传统物流系统相比电子商务下的物流系统具有整个系统具有无限的开放性的特征。（　　）
2. 物流的包装作业目的只是要改变商品的销售包装。（　　）
3. 信息流在物流过程中起引导和整合作用。（　　）
4.“送货时间太长”的原因有可能是因为“需求预测不准”。（　　）

三、简答题

1. 电子商务环境下对物流系统有什么要求？
2. 与传统物流系统相比，电子环境商务下的物流系统具有哪些特征？
3. 传统商务下的物流功能有哪些？
4. 简述电子商务环境下商流和物流的一般流程。
5. 请说明电子商务环境下物流企业的销售作业流程。
6. 请说明电子商务环境下物流企业的采购作业流程。
7. 请说明电子商务环境下物流企业的仓储中心作业流程。

课题二 技能训练

任务描述

请在“海尔商城”团购一台洗衣机。

图 3-7　海尔商城网站主页

任务目的

了解海尔商城的配送与服务。

任务实施

1）登录“海尔商城”（ http：//www. ehaier. com/ ）。

2）可以用 QQ 等快速登录。

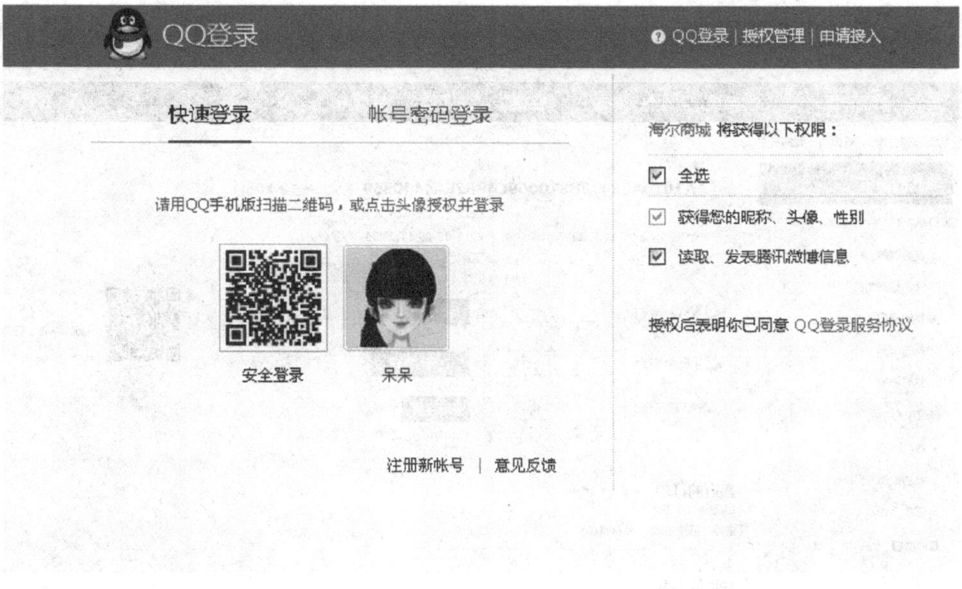

3）可以绑定用户信息，也可以跳过。

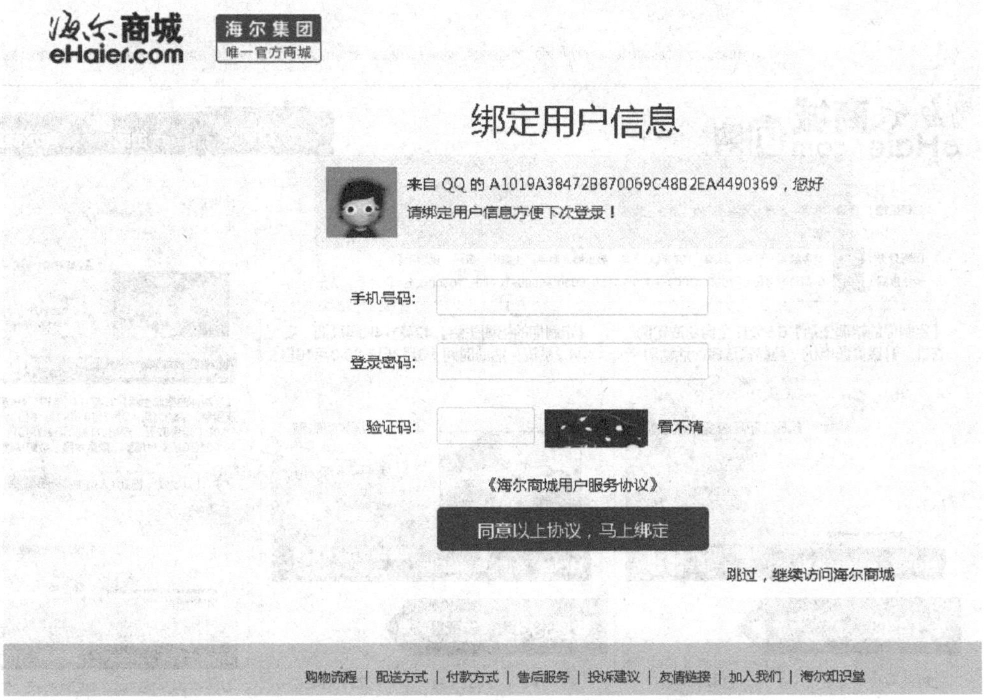

4）可以绑定邮箱、手机。试一试手机扫描二维码。

5）进入团购界面，团购一台洗衣机。

6）参团。

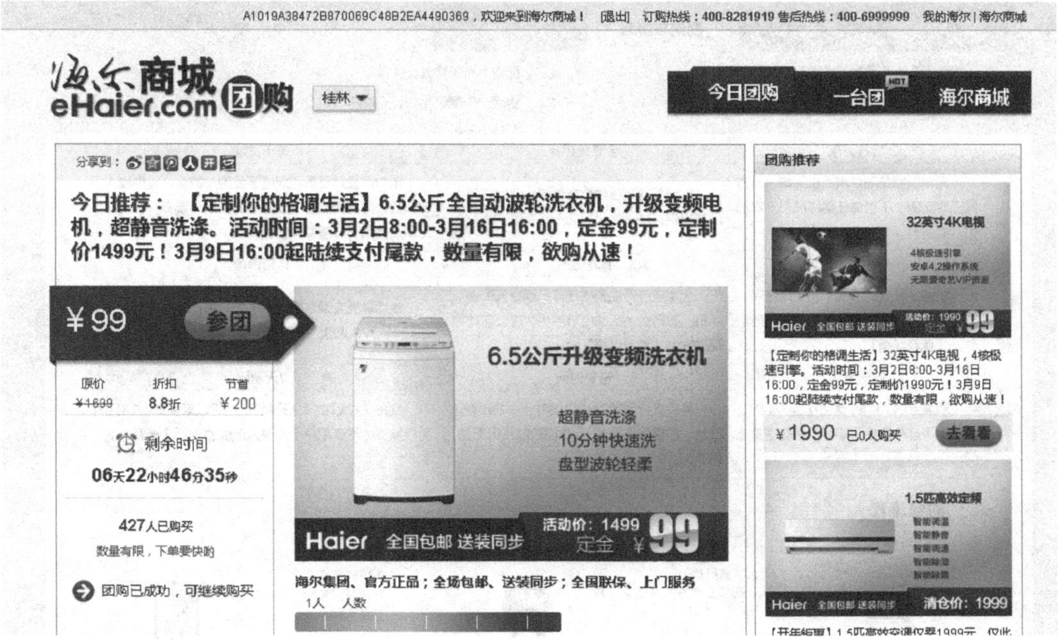

7）进入参团界面。

8）浏览海尔商城提供的配送与服务信息。

商品介绍 | 规格参数 | **配送与服务** | 评价与晒单

- 特色：全场免运费、送货上门、送装同步
- 配送：海尔物流及快递
- 区域：覆盖2576个地区（至乡镇村，不含港澳台）
- 售后：全国联保，七天退换

官方正品	全场免运费	关于发票
海尔商城是海尔集团旗下唯一官方网上专卖店，不销售任何样品机、次品机、翻新机。	支持配送范围内全场包邮，免费送货上门并提供送装一体化服务！【查看详情】	所有产品均开具正规电子发票，符合一般纳税人资质的公司开具增值税发票需要提供开票资料，审核无误后开具。【查看详情】
支付方式	**配送方式**	**售后保障**
支持多种支付方式，如银联在线、支付宝、财富通、也可线下办理转账汇款。【查看详情】	大家电产品主要依托日日顺物流配送，手机、数码、生活家电等采用快递公司作为配送方。【查看详情】	售后享受全国联保，需要时请拨打24小时服务热线4006-999 999。【查看详情】
配送范围	**送货时间**	**7天退换**
覆盖全国2576个地区（至乡镇村），能下订单的地区都可以免费送货上门。	最快支持同城24小时限时达，非限时达区域，根据配送距离，可能需要1-5天配送时间。	支持从实际收货之日起7日内可以退换货，15日内可以换货（不含用户个人原因造成的）。【查看详情】

购物流程

物流配送

配送：大家电产品主要依托日日顺物流配送，部分产品（如：手机、数码、电脑、生活家电等小件产品）采用第三方快递公司作为物流配送方，为您提供服务。

安装： 由您所在地的海尔商城签约服务商提供上门安装服务。

日日顺物流在全国拥有14个发运基地中心，93个配送中心（TC），9个原材料VMI中心，仓储面积达200万M2以上，年运量超过4000万M3，海外成品发运量年均87000TEU。全国3300多条班车循环专线，目前已经为10000余家各级渠道客户、500余家跨行业的社会化客户提供专业化、标准化物流服务。

日日顺物流车

日日顺立体库

日日顺配送中心

海尔您所在地的服务商送货入户并按照【流程】：

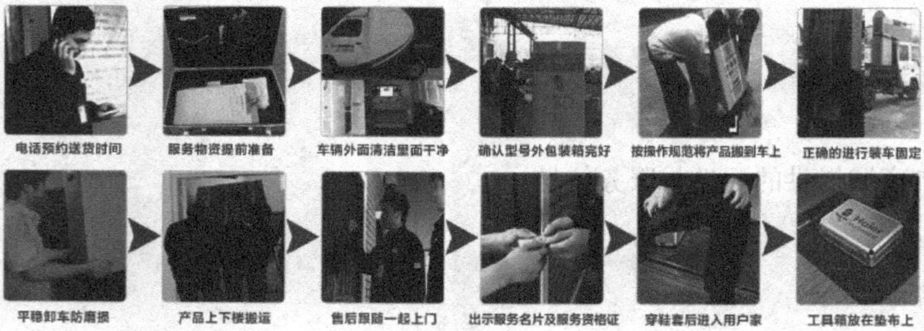

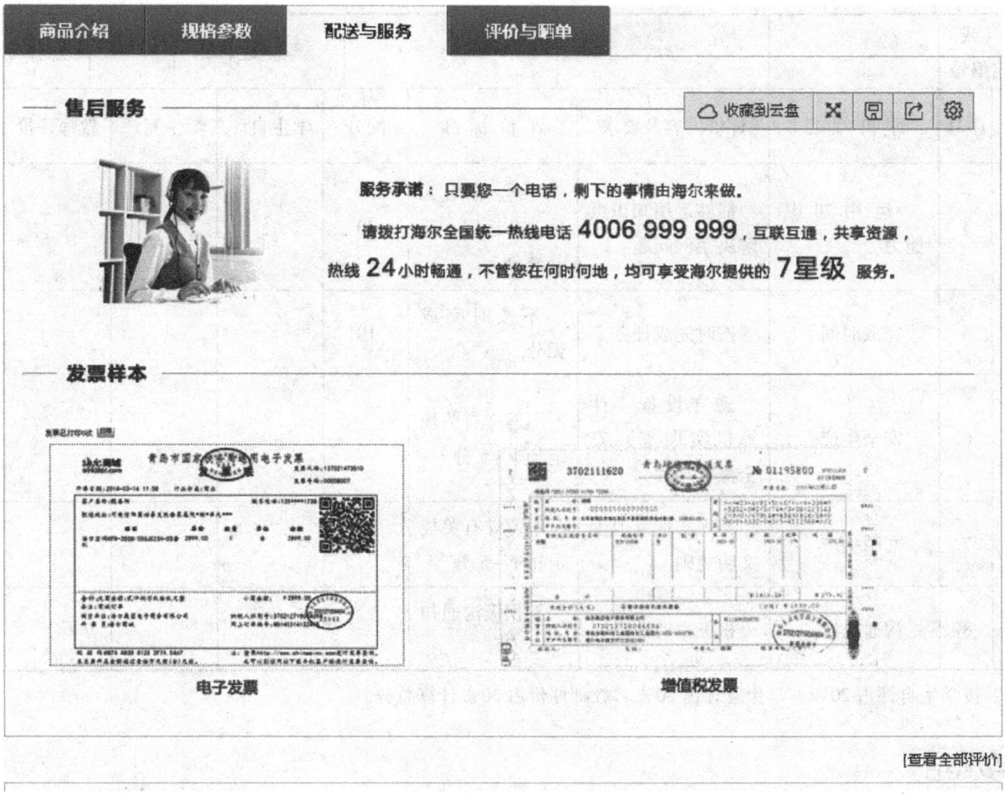

任务相关资料记录

1. 团购的洗衣机型号：________________，价格________________

2. 绑定的手机号码：________________，邮箱________________，QQ ____________

任务评价

项目（或任务）编号			学时		学生姓名		总分		
类别	序号	评价项目	评价内容及要求	评价标准	配分	学生自评	学生互评	教师评价	得分
岗位技能评价	1	登录	能够登录	不会登录无分	20				
	2	参与团购洗衣机活动	能够搜索正确的目标	不会搜索无分	20				
	3	浏览商城提供的配送与服务信息	能够搜索正确的目标	不会搜索无分	20				

（续）

项目（或任务）编号			学时		学生姓名		总分	
类别	序号	评价项目	评价内容及要求	评价标准	配分	学生自评	学生互评	教师评价	得分
岗位技能评价	4	运用知识能力	能够运用知识点解决案例问题	不会运用无分，会运用一部分减分	30				
	5	完成时间	按时完成任务	不按时完成无分	10				
职业素质评价	6	安全生产	遵守设备（计算机实训室）安全操作规程	不遵守有关规定扣1～5分					
	7	文明生产	遵守实训室卫生文明规则	不遵守有关规定扣1～5分					
	8	沟通交流	积极主动性强	不积极沟通扣1～5分					

注：按学生自评占20%、学生互评占30%、教师评价占50%计算总分。

任务小结

授课班级		授课时间		授课地点	
授课教师			任务名称		
学生表现					
存在问题及改进方法措施					

任务拓展

行业网站的浏览与分析

进一步运用搜索引擎检索信息，并研究电子商务行业网站，分析行业网站的特点、成长经历、在行业中的位置，完成表3-3。

表3-3　电子商务行业网站

网站名称	网　址	行业地位	发展趋势
拉手网	http://www.lashou.com/	南京最大的团购	向南京地区以外网站方向发展
美团网			
大众点评网			
窝窝网			

单元四　电子商务实现的物流技术

知识目标

学习有关电子商务实现的几种基础的、常用的物流技术，了解条形码、电子数据交换技术、电子自动订货系统、销售时点信息系统。

问题导入

超市里的商品上一般都有黑白相间的条状符号，那是什么符号？是做什么用的？

课题一　信息识别

一、物流标识技术

1. 商品条形码

（1）条形码　条形码是由一组黑白相间、粗细不同的条状符号组成的，条形码隐含着数字信息、字母信息、标志信息和符号信息，主要用以表示商品的名称、产地、价格和种类等，是全世界通用的商品代码的表述方法。

（2）条形码的发展　条形码最早出现于20世纪40年代，美国的两位工程师开始研究用代码表示食品项目和相应的自动识别设备，并于1949年获得了美国专利。中国条形码技术的研究始于20世纪70年代末80年代初，条形码应用系统是在80年代末建立的。

小资料

中国物品编码中心于1988年12月28日成立，于1991年4月19日正式加入国际物品编码协会。国际物品编码协会分配给中国的前缀码为690、691和692。

（3）商品条形码　商品条形码是用于标识国际通用的商品代码的条形码。包括EAN商品条形码（EAN—13商品条形码和EAN—8商品条形码）和UPC商品条形码。物流条形码应用的是EAN码制中的EAN—13条形码。商品条形码可以做到不同商品的标识不同，同种商品有统一的标识，严格遵循在国际及国内范围内商品与标识的一一对应关系，确保了商品标识的统一性、规范性、通用性和国际性。

（4）EAN商品条形码　EAN条形码是国际上通用的商品代码，我国通用商品条形码标准也采用EAN条形码结构。标准码（图4-1）是由13位数字码及相应的条形码符号组成，在较小的商品上也采用8位缩短数字码。

图 4-1　商品条形码（EAN）

1）前缀码。由三位数字组成，是国家代码，我国为 690、691、692，是国际物品编码会统一决定的。

2）制造厂商代码。由四位数字组成，由我国物品编码中心统一分配并统一注册，一厂一码。

3）商品代码。由五位数字组成，表示每个制造厂商的商品，由厂商确定，可标识十万种商品。

4）校验码。由一位数字组成，用以校验前面各码的正误。

商品条形码的组成如图 4-2 所示。

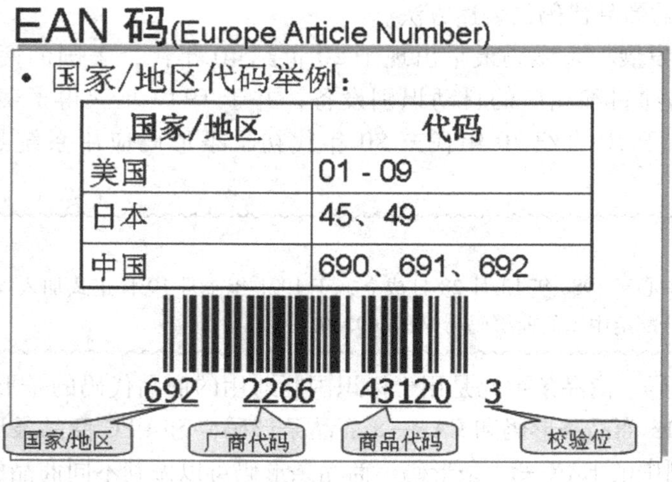

图 4-2　商品条形码的组成

2. 物流条形码

（1）物流条形码　物流条形码是用在商品装卸、仓储、运输和配送过程中的识别符号，通常印在包装外箱上，用于识别商品种类及数量，也可用于仓储批发业销售现场的扫描结账。

（2）物流条形码与商品条形码之间的关系　物流条形码的基本结构为原印条形码，当同一商品的包装数量不同或同一包装中有不同商品组合时，就必须加上储运标识码以资识别。它们之间的区别见表4-1和图4-3。

表4-1　商品条形码和物流条形码的区别

	应用对象	数字构成	包装形状	应用领域
商品条形码	向消费者销售的商品	13位数字或8位数字	单个商品包装	POS系统、补充、订货管理
物流条形码	物流过程中的商品	标准14位数字	集合包装	运输、仓储、分拣等

（3）物流常用条形码　表示物流标识编码的条形码符号有不同的码制，其中有的码制只能标识一个内容，而有的码制则能标识更多的内容。用于表示物流标识编码的条形码主要有商品条形码、储运单元条形码以及EAN/UCC系统128条形码等。

图4-3　物流条形码和商品条形码的区别

1）在商品条形码中，物流条形码应用的是EAN码制中的EAN—13条形码。

2）储运单元条形码是专门标识储运单元编码的条形码。其中定量储运单元一般采用13位或14位数字编码，变量储运单元编码由14位数字的主代码和6位数字的附加代码组成。

3）EAN/UCC~128条形码是一种连续型、非定长、有含义的高密度代码。该条形码有A、B、C三套字符集，其中C字符集能以双倍的密度来表示全数字的数据。这三套字符覆盖128个ASCII码字符。

3. 电子数据交换技术（EDI）

（1）电子数据交换　EDI（Electronic Data Interchange）的中文意思是“电子数据交换”，是20世纪80年代发展起来的、融现代计算机技术和远程通信技术为一体的产物。

（2）电子数据交换的特点

1）EDI的使用对象是具有固定格式的业务信息和具有经常性业务联系的单位。

2）EDI所传送的资料是一般业务资料，如发票、订单等，而不是指一般性的通知。

3）采用共同的标准和固定的格式，这也是与一般email的区别，例如联合国EDIFACT标准。

4）尽量避免人工的介入操作，由收送双方的计算机系统直接传送，交换资料，这也是EDI

> 知识卡
>
> **国际标准化组织（ISO）对EDI的定义**
>
> 为商业或行政事务处理，按照一个公认的标准，形成结构化的事务处理或消息报文格式，从计算机到计算机的数据传输方法。

与传真或电子邮件（email）的区别。

（3）EDI的组成要素　EDI数据标准化、EDI软件及硬件、通信网络是构成EDI系统的三要素。

1）标准化是整个EDI最关键的部分，EDI标准主要分为网络通信标准、处理标准、联系标准及语法标准几个方面（图4-4）。

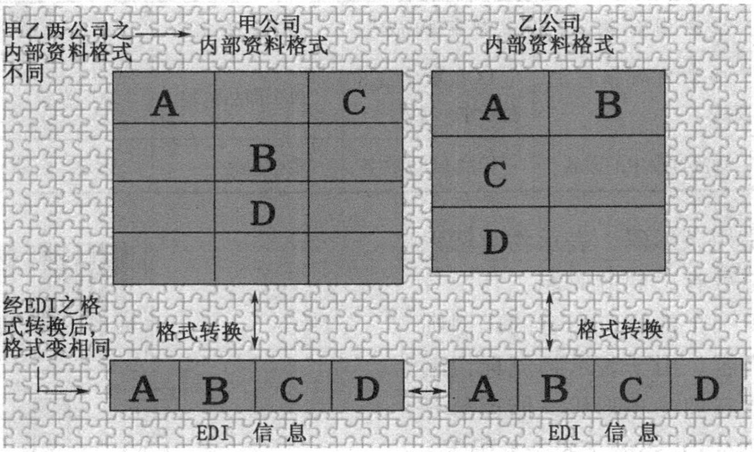

图4-4　EDI数据标准化

2）EDI软件及硬件，其中EDI软件包括转换软件和翻译软件；EDI硬件包括计算机、网络联系设备和通信路线。

3）EDI通信网络，目前一般指直接连接和增值网络，随着Internet的迅速发展，将为EDI的网络通信带来更多新的解决方案。

（4）EDI系统的工作流程　为了理解EDI如何工作，我们不妨来跟踪一个简单的订单发送和接收的EDI应用过程见图4-5。

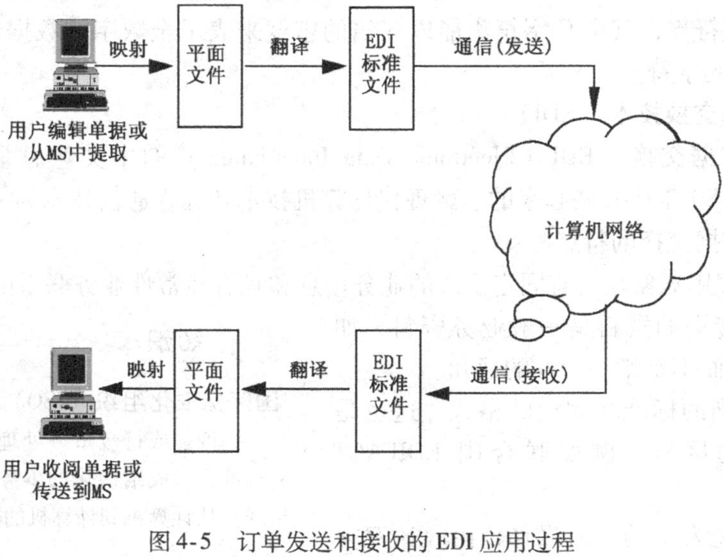

图4-5　订单发送和接收的EDI应用过程

二、射频（RF）及标签系统

1. 射频—标签系统

射频—标签（Radio Frequency，RF）识别系统是一种重要标识技术，它的主要功能是对运动的或静止的标签进行不接触的识别，这种识别技术是射频技术，通过在物流对象上面贴置的标签，用射频技术进行电磁波射频扫描，就可以把物流对象物的相关信息，从标签上识别并进行直接读写，或者经过计算机网络将信息传输。RF 无线物流系统的应用如图 4-6 所示。

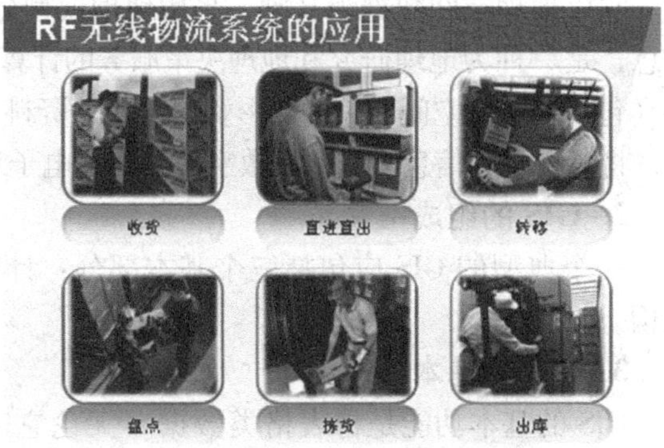

图 4-6　RF 无线物流系统的应用

2. 射频—标签系统的组成

射频—标签系统由射频和标签两部分组成。

（1）射频　射频系统通常由读写器、计算机网络两部分组成。读写器在一个区域范围内发射电磁波，对标签进行数据采集，通过计算机网络进行数据转换、数据处理和数据传输。

（2）标签

1）射频标签的构成。射频标签由射频模块、存储器、控制器及天线四个主要部分构成。标签的主要作用是存储物的数据编码，对物流对象进行标识。通过天线将编码后的信息发射给读写器，或者接受读写器的电磁波反射给读写器。

知识卡

射频系统的读写器有三个主要组成部分：读写模块、射频模块、天线。

2）射频标签的基本功能。射频标签具有一定的存储容量，用以存储被识别对象的信息；标签的数据能被读入或写入，而且可以编程，一旦编程后，就成为不可更改的永久数据；使用、维护都很简单，在使用期限内不需维护。

3）标签的种类。根据标签的工作方式不同，有能够主动发射数据给读写器的主动式和只能由读写器发出查询信号进行识别的被动式两类。

小资料

国外，RF 技术已被广泛应用于工业自动化、商业自动化、交通运输控制管理等众多领域。应用范围包括商品防伪、证件防伪、生产流水线管理、仓储管理、销售渠道管理、贵重物品管理、汽车防盗、物品防盗、航空包裹管理和电子票证等。

按照标签读写方式的不同，可以分成只读型和读写型两类，读写型标签的信息，不但可以被读写器读出，还可以由读写器写入。

按照标签的能源，有不带能源的标签和带能源的标签两类。

按标签工作频率不同，有低频、高频、微波三种标签。

按照工作的距离可以分成远程标签、近程标签和超近程标签三类，远程标签可以识别 100cm 以上的距离，近程为 10～100cm，超近程为 0.2～10cm。

三、地理信息系统（GIS）

1. GIS概述

GIS（Geographical Information System，地理信息系统）可定义为用于采集、模拟、处理、检索、分析和表达地理空间数据的计算机信息系统。它是有关空间数据管理和空间信息分析的计算机系统，是20世纪60年代开始迅速发展起来的地理学研究新成果，是多种学科交叉的产物。它以地理空间数据为基础，采用地理模型分析方法，适时地提供多种空间的和动态的地理信息，是一种为地理研究和地理决策服务的计算机技术系统。地理信息系统将各种详细的地理资料（包括和地理空间有关的图形资料与属性资料）整合成系统的地理资料库，再透过应用软件工具，将各种相关信息以文字、数字、表格或电子地图的形式，提供给规划者及决策者使用。

2. GIS的组成

一个典型的GIS应包括三个基本部分：计算机系统、地理数据库系统、应用人员与组成机构。

3. GIS的基本功能

GIS的基本功能是将表格类数据（无论它来自数据库、电子表格文件或直接在程序中输入）转换为地理图形显示出来，然后对显示的结果进行浏览、操纵和分析。其显示范围可以从洲际地图到非常详细的街区地图，显示对象包括人口、销售情况、运输路线以及其他内容。

4. GIS主要的应用

（1）电子地图　借助于计算机和数据库应用，电子地图可以比一般地区地图有几百、几千倍的信息容量，通过电子地图可以提供一种新的按地理位置进行检索的方法，以获得相关的社会、经济、文化等各方面的信息。

（2）辅助规划　GIS可以辅助仓库、站台等基础设施运行情况等，从而支持有效的交通管理。

（3）交通管理　和全球卫星定位系统相结合，GIS可以及时反映车辆运行情况、交通路段情况、交通设施运行情况等，从而支持有效的交通管理。

（4）军事应用　GIS对于军事后勤仓库的分布、库存物资的分布、仓库物资的调用、储备的分布规划等领域的决策，都有提供信息、进行分析和辅助决策的作用。

5. GIS应用于物流的分析

GIS强大的地理数据功能可以用来完善物流分析技术。国外企业已经开发出用GIS为物流分析提供专门分析的工具软件。完整的GIS物流分析软件集成了运输路线模型、最短路径模型、网络物流模型、分配集合模型和设施定位模型等。

（1）运输路线模型　用于解决一个起始点、多个终点的货物运输中，如何降低物流作业费用，并保证服务质量的问题。包括决定使用多少运输工具，每部运输工具的行驶路线等。

（2）网络物流模型　用于解决寻求最有效的分配货物路径问题，也就是物流网点布局问题。如将货物从N个仓库送到M个商店，每个商店都有固定的需求量，因此需要确定由哪个仓库提货送给哪个商店所耗的运输代价最小。

（3）分配集合模型。可以根据各个要素的相似点把同一层上的所有或部分要素分为几个组，用以解决确定服务范围的销售市场范围等问题。

（4）设施定位模型　用于确定一个或多个设施位置。在物流系统中，仓库和运输线共同组成了物流网络，仓库处于网络的节点上，节点决定着线路，如何根据供求的实际需要并结合经济效益等原则，在既定区域内设立多少个仓库，每个仓库的位置、规模以及仓库之间的物流关系等，运用此模型均能很容易地得到解决。

四、全球卫星定位系统（GPS）

1. GPS 概述

GPS（Global Positioning System，全球定位系统）是利用卫星星座（通信卫星）、地面控制部分和信号接收机对对象进行动态定位的系统。GPS 能对静态、动态对象进行动态空间信息的获取，具有快速、精度均匀、不受天气和时间的限制反馈空间信息等优点。

GPS 能通过卫星对地面上运行的车辆、船舶进行测定并精确定位，在车辆、船舶或其他运输工具设备上配置信标装置，就可以接收卫星发射的信号，以置于卫星的监测之下，通过接收装置，就可以确认精确的位置。

2. GPS 的基本工作原理（图 4-7）

卫星定位的工作，是利用我们熟知的几何与物理上的一些基本原理。首先假设卫星的位置为已知，而我们又能准确测定我们所在地点 XYZT 至卫星之间的距离，那么 XYZT 点一定是位于以卫星为中心、所测得距离为半径的圆球面上。进一步，我们又测得点 XYZT 至另一卫星的距离，则 XYZT 点一定处在前后两个圆球面相交的圆环上。我们还可测得与第三个卫星的距离，通过三个定位球面就可以确定 XYZT 点在地球上的空间位置。如果要定位空中位置（比如飞机），我们还可通过第四颗卫星。所以，只要我们确知卫星的准确位置和准确测定卫星至地球上我们所在地点的距离，我们就可以实现精确定位。

3. GPS 在物流中的应用

（1）进行车辆、船舶的跟踪　可以通过地面计算机终端，实时显示出车辆、船舶的实际位置，位置精度以“m”计量。对于重要的车辆和船舶，必须随时掌握其动态，目前只能依靠这个系统来解决。GPS 的某终端显示如图 4-8 所示。

> **动脑筋**
>
> GPS 是如何定位的？

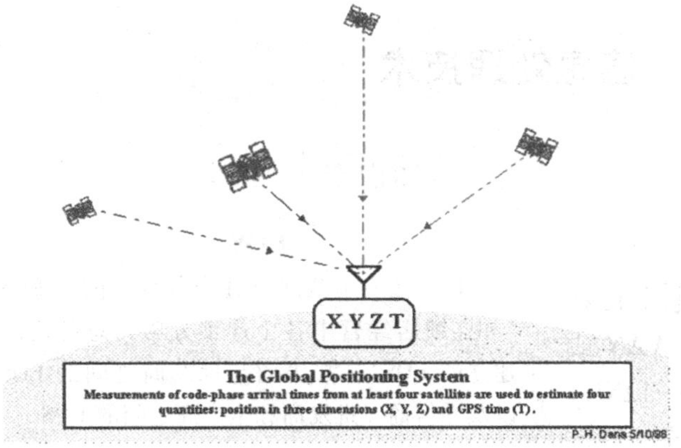

图 4-7　GPS 的工作原理

图 4-8　GPS 的某终端显示

（2）信息传递和查询　可以实施双向的信息交流，可以向车辆、船舶提供相关的气象、交通、指挥等信息，同时可以将运行中的车辆、船舶的信息传递给管理中心。

（3）及时报警　通过GPS，掌握运输装备的异常情况，接收求助信息和报警信息，迅速传递到管理中心实施紧急救援。

（4）支持管理　根据GIS和GPS所提供的信息，可以实施运输指挥、实施监控、路线规划和选择、向用户发出到货预报等，可以有效支持大跨度物流系统管理。

随着经济的发展和货物的运输量日益增多，车辆和货物的经营管理和合理调整就成为物流业货物运输管理系统中的一个重要问题。全世界在车辆导航上的投资平均每年将增长60.8%，因此车辆导航将成为未来GPS应用的主要领域之一。

知识检验

一、单项选择题

1. 条形码是由一组（　　）组成，条形码隐含着数字信息、字母信息、标志信息、符号信息。

　A. 黑白相间、粗细不同的条状符号　　B. 黑白相间、粗细相同的条状符号

　C. 绿蓝相间、粗细不同的条状符号　　D. 绿蓝相间、粗细相同的条状符号

2. EDI数据标准化、（　　）、通信网络是构成EDI系统的三要素。

　A. EDI软件　B. EDI结构标准化　C. 交易系统　D. EDI软件及硬件

3. 一个典型的GIS应包括三个基本部分：计算机系统、（　　）、应用人员与组成机构。

　A. 互联网　B. 地理数据库系统　C. 工作结构　D. 计算机软件

4. （　　）是利用卫星星座（通信卫星）、地面控制部分和信号接收机对对象进行动态定位的系统。

　A. JIT　B. ERP　C. GPS　D. GIS

二、判断题

1. 国际物品编码协会分配给中国的前缀码为690、691和692，是制造厂商代码。（　）

2. RF中的标签的信息不但可以被读写器读出，还可以由读写器写入。（　　）

3. 车辆导航将成为未来全球卫星定位系统应用的主要领域之一。（　　）

4. EDI的使用对象是具有不固定格式的业务信息和具有非经常性业务联系的单位。（　　）

三、简答题

1. 物流条形码与商品条形码之间有哪些重要区别?

2. 试述EDI的特点。

课题二　信息处理技术

一、电子自动订货系统（EOS）

1. EOS的概念

EOS（Electronic Ordering System，电子自动订货系统）是指企业间利用通信网络（VAN或互联网）和终端设备以在线连接（ON—LINE）方式进行订货作业和订货信息交换的系统。

> 知识卡
>
> **EOS**
>
> EOS按应用范围可分为各企业内的EOS（如连锁店经营中各个连锁分店与总部之间建立的EOS），零售商与批发商之间的EOS以及零售商、批发商和生产商之间的EOS。

2. EOS的作用

EOS能及时准确地交换订货信息，它在企业物流管理中的作用如下：

1）对于传统的订货方式，如上门订货、邮寄订货，电话、传真订货等，EOS系统可以缩短从接到订单到发出订货的时间，缩短订货商品的交货期，减少商品订单的出错率，节省人工费。

2）有利于减少企业库存，提高企业的库存管理效率，同时也能防止商品特别是畅销商品出现缺货现象。

3）对于生产厂家和批发商来说，通过分析零售商的商品订货信息，能准确判断畅销商品和滞销商品，有利于企业调整商品生产和销售计划。

4）有利于提高企业物流信息系统的效率，使各个业务信息子系统之间的数据交换更加便利和迅速，丰富企业的经营信息。

3. EOS的流程

1）在零售终端利用条形码识别器获取准备采购的商品信息，并在终端机上输入订货信息，通过网络（VAN）将信息传输到批发商的计算机中。

2）批发商开出提货传票，同时，根据传票开出拣货单，进行分拣作业，然后根据送货传票进行商品发货。

3）送货传票上的信息成为零售商的应付账款资料及批发商的应收账款资料。

4）零售商对送到的货物进行检验后，便可以上柜销售。

4. EOS的实施条件

企业在应用EOS时应具备下列条件：

1）订货业务作业的标准化，这是有效利用EOS的前提条件。

2）商品代码的设计。在零售行业的单品管理方式中，每一个商品品种对应一个独立的商品代码，商品代码一般采用国家统一规定的标准。对于统一标准中没有规定的商品则采用本企业自己规定的商品代码。商品代码的设计是应用EOS的基础条件。

3）订货商品目录账册的制作和更新。订货商品目录账册的设计和运用是EOS成功的重要保证。

4）计算机以及订货信息输入和输出终端设备的添置和EOS设计是应用EOS的基础条件。

5）需要制订EOS应用手册并协调部门间、企业间的经营活动。

5. EOS的结构和配置

EOS的结构包括订货系统、通信网络系统和接单电脑系统。零售点只要配备了订货终端机和货价卡（或订货薄），再配上电话和调制解调器，就完成了电子订货配置。供应商只要能接收零售商店通过调制解调器的订货信息，并可利用终端机设备系统直接作订单处理，打印出货单和检货单，就具备了EOS的功能。

无论采用何种形式的EOS，都是以零售点订货系统的配置为基础。零售点订货系统配置由硬件设备与电子订货方式选择两部分构成。

二、销售时点（POS）信息系统

1. POS信息系统概述

POS（Point of Sale，销售时点）信息系统是指通过自动读取设备在销售商品时直接读取商品销售信息，如商品名、单价、销售数量、销售时间、销售店铺、购买客户等，并通过通信网络和计算机系统传送至有关部门进行分析加工以提高经营效率的系统。POS信息系统最早应用于零售业，以后逐渐扩展至其他行业，如金融、旅馆等服务性行业，范围也从企业内部扩展至整个供应链。

POS信息系统是物流管理信息系统的基础，是以商品条码为基础的销售点自动化管理系统。它可以实时采集各种商品的销售信息，对经营商品实施单品管理。

2. POS信息系统的组成

POS信息系统包含前台POS信息系统和后台MIS系统两大组成部分。

（1）前台POS信息系统　前台POS信息系统是指通过自动读取设备在销售商品时读取商品信息，如商品名、单价、销售数量、销售时间、销售店铺、购买顾客等，实现销售业务的自动化，对商品交易进行实时服务和管理，并通过通信网络和计算机系统传至后台，通过后台计算机的计算、分析与汇总，掌握商品销售的各项信息，为管理者分析经营情况，制订经营方针提供依据。

（2）后台MIS系统　后台MIS系统是管理信息系统。它对整个商店的进、销、存、财务等环节进行管理，根据商品进货信息对供应商进行管理，根据前台POS信息系统提供的销售数据控制进货数量，合理调动资金，分析统计各种报表，快速准确地计算成本和毛利。后台MIS系统与前台POS信息系统紧密相连，两者缺一不可。

知识卡

POS

现代POS信息系统已不仅仅局限于收款技术，还将计算机网络、EDI技术、条形码技术、远程通信、电子广告、自动仓储技术、自动售货等一系列科技手段融为一体，形成一个综合性的信息资源管理系统。

3. POS信息系统的特征

POS信息系统有以下四个基本特征：

（1）单品管理、职工管理和顾客管理　零售业的单品管理是指对店铺陈列展示销售的商品以单个商品为单位进行销售跟踪和管理的方法。

（2）自动读取销售时点的信息　在顾客购买商品结账时，POS信息系统通过扫描读数仪自动读取商品条形码标签或OCR标签上的信息。在销售商品的同时获得实时的销售信息是POS信息系统最突出的特征。

（3）信息的集中管理　各个POS终端获得的销售时点信息以在线连接方式汇总到企业总部，与其他部门发送的有关信息一起由总部的信息系统加以集中并进行分析加工，如把握畅销商品和滞销商品以及新商品的销售倾向，对商品的销售量和销售价格、销售量和销售时间之间的相关关系进行分析，对商品店铺陈列方式、促销方法、促销期间、竞争商品的影响进行相关分析等。

（4）连接供应链的有力工具　供应链参与各方合作的主要领域之一是信息共享，而销售时点信息是企业经营中最重要的信息之一，通过它能及时把握顾客的需求信息，供应链的参与各方可以利用销售时点信息并结合其他的信息来制订企业的经营计划和市场营销计划。

4. POS信息系统的工作原理

1）收银机在进行商品交易时，自动记录原始数据及其他相关的信息，并有一段时期的保护记录期。其工作原理是阅读器通过对商品条形码的扫描及解码，经由电子收银机向后台电脑查价，价格信息由后台电脑输入电子收银机，并在显示屏幕上显示出来，收银后打出购物清单。

2）POS 终端机自动储存、整理全日营业信息，并可以用即时或成批的方式，向后台提供商品信息。

3）由 POS 终端机上的小型打印机打印各种收银报表，并具有读账、清账功能。

4）中央电脑利用通信线路，取得每一个零售点的商品信息以及新品变价、配送货等信息。

5）统计、分析各个零售点的营业资料，以供决策参考。

6）迅速而准确地完成前台工作，同时保存完整的记录。

POS 信息系统的工作原理如图 4-9 所示，包含了六项主要工作：

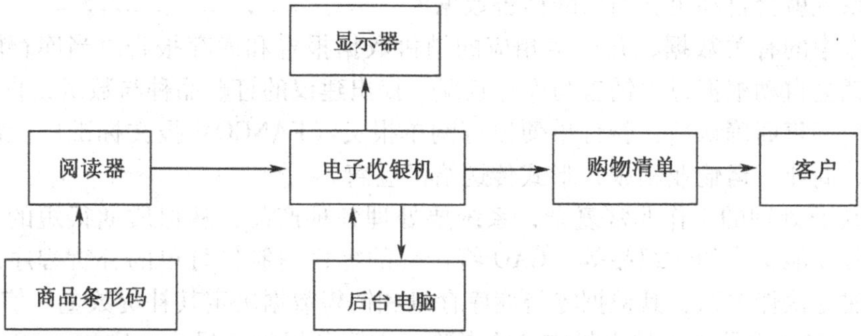

图 4-9　POS 信息系统的工作原理

5. POS 系统的应用效果

POS 系统的应用效果表现在：收银台业务效率大大提高，商品检验时间缩短，输入商品数据的出错率大大减少，收银作业变得容易，收集信息的能力大大提高。POS 系统做到了数据收集的省力化和实时化，销售额和现金额能随时把握，检查输入数据简便化，可以随时发现不良库存，及时把握库存水平。

三、计算机辅助订货（CAO）系统

1. CAO 系统

CAO（Computer Assisted Ordering，计算机辅助订货），系统是一个基于零售作业的系统，当货架上的存货低于预定水平时，或者根据 POS 数据，商品销售量达到一定程度时，CAO 系统自动生成商店补货订单。计算机系统跟踪商店内所有商品的存货，调整进货与销售。在货架存货降至事先确定的水平以下时，自动产生补充订货，通常能减少订货方面的成本，提供单品运转和商店这一级上的库存流转的及时信息。

2. CAO 系统的运作过程

要充分理解 CAO 系统的运作过程，了解传统订货运作过程非常重要。

（1）传统订货方式　当商店店员看到货架上的某一种商品少了或者空了，就要下订单。下订单要考虑的因素有再订货点、现有库存、交货周期、预期收货、销售预测和调整因素等。调整因素包括季节影响、地区影响及促销影响。下订单的过程被称为“按库存订货”。订货大多由人工完成，而且非常复杂。虽然现金收款机可能装备了扫描器，但这只简化了购买交易。扫描器提供的数据没有被进一步利用。根据产品种类和库存周转，在一星期内需要多次订货，从而用去大量时间在订货上。这种劳动密集型工作延长了商店的补货过程。

（2）商店自动订货方式　新一代的EOS通常放置在后台主机，可直接取得POS的相关数据来下订单（因为通常EOS与POS为同一套系统，只是增加了订货、数据更新以及与总店连接的功能）。计算机库存系统由最高库存和最低库存之间的一个恒定的订货点控制。最高库存与最低库存之间的库存为安全库存。随着商品不断售出，计算机系统就会自动更新商店的销售数据库和库存数据库中的有关数据，并产生相应的销售数据报告和库存报告。当库存降到订货点时，计算机就会自动根据过去销售与库存状况，提出建议的订购品种与数量，自动生成一个新的订单。经零售商确认后，新订单便以订购单报文（EANCOM报文标准广泛应用于全球的行政管理、商业、运输业领域）形式传送给供应商。

> 知识卡
>
> **CAO**
>
> CAO系统通过使用计算机将信息集合起来准备商店订单，主要包括以下内容：商店的基本情况；实际销售与预期销售；安全库存水平；有效订货数量；准确的货架与库存水平；影响需求特殊因素等。

CAO系统要处理的工作非常复杂，系统要处理各种产品，从保质期很短的鲜活产品到订货后9个月才能交货的纺织品等。CAO将传统的零售商制作订单的补货程序改变为供应商与零售商建立伙伴关系，其根据零售商库存量和销售数据决定其补货数量。信息的交换通过EDI进行，CAO系统可直接由供应商或者第三方服务提供者操作。实施CAO的目的是要减少库存，改善服务，提高运输效率以及为零售商节省人力。

四、仓库管理技术

“仓库管理系统”（Warehouse Management System，WMS）是用来管理仓库内部的人员、库存、工作时间、订单和设备的软件实施工具。这里所称的“仓库”，包括生产和供应领域中各种类型的储存仓库和配送中心。

> **小资料**
>
> WMS在20世纪70年代中期问世，发展迅速。使用WMS为仓库作业全过程提供自动化和全面纪录的途径；改变了传统上的固定货位，实现仓库随机储存，从而最大限度利用仓容；提高发货的质量和正确性，减少断档和退货，提高顾客的满意程度；为仓库的所有活动、资源和库存水平提供即时的正确信息。

“仓库管理系统”按照常规和用户自行确定的优先原则，来优化仓库的空间利用和全部仓储作业。对上，它通过电子数据交换（EDI）等电子媒介，与企业的计算机主机联网，由主机下达收货和订单的原始数据；对下，它通过无线网络、手提终端、条码系统和射频数据通信等信息技术与仓库的员工联系。上下相互作用，传达指令，反馈信息，更新数据库，并生成所需的条形码标签和单据文件。

仓库管理系统是所有配送活动的关键，它保证商品的进出作业和库存水平。仓库管理系统包括库存时间管理和空间管理两个方面。

1. 定期盘库系统/实时盘库系统

盘库系统应保持商店商品项目的目标存货水平。这个系统必须反应所有产品的物理移动、销售、交货等。

定期盘库系统显示货架上每种产品每天的存数量，并且在很大程度上是手工操作。最普遍和简单的方法是每天清点货架上的产品。数据可以采用货架边缘的条码和便携式扫描器扫描的方式采集。另一个方法是根据商店的进出产品流，进货流由交货通知记录，出货流由扫描器检查。每天营业结束，店员将每个商品交货数量与前一天的存货相加，再减去已销售的数量。

实时盘库系统与 POS 扫描系统和商店电子收货系统整合为一体，它使商店货架存货维持为一个定值，有两条途径：柜台销售数据和商品的接收数据。定期盘库系统以天为单位计算商店存货，而实时盘库系统则实时更新。该系统运用这两种数据来保证商店的每种商品在一个基本数量上。由于 POS 扫描和商店电子收货系统很少能做到完全准确，并且因为商店电子收货系统不能记录亏损，因此需要一个定期的循环计算程序来支持实时盘库系统。这样就可发现所记录数据出错和亏损问题。

2. 空间管理系统

传统上货架空间与商店布局的管理是由商店的经营者根据经验来实施的。现在仓库管理系统根据销售数据和库存周转数据，由空间管理系统将 POS 数据库与产品、价格和促销数据库以及自动管理货架空间集合在一起。空间管理系统运用基于活动的成本模型为零售商计算每种商品的操作成本，并管理货架空间，使其每平方米收益最大化。

五、数据库技术

1. 数据库的概念

数据库（Data Base，简称 DB）是由存放在计算机存储设备中的一种合理的方法组织起来的，与公司或组织的业务活动和组织结构相对应的各种相关数据的集合，该集合中的数据可以为公司或组织的各级经过授权的人员或应用程序以不同的权限所共享。

2. 数据库的特点

1）以一定的数据模型来组织数据，数据尽可能不重复（最少的冗余度）。

2）以最优方式为某个特定组织的多种应用程序或用户服务（应用程序或用户对数据资源共享）。

3）其数据结构独立于使用它的应用程序（数据独立性）。

4）对数据的定义、操纵和控制，由数据库管理系统统一进行管理和控制。

3. 物流信息系统的数据库设计

数据库设计就是根据数据的用途、使用要求、统计渠道、安全保密性能等方面的需求，来确定数据的整体组织形式以及数据的基本结构、类别、总体载体、保密措施等。数据库设计是物流信息系统设计与开发的重点所在。

（1）数据库设计的任务　针对一个给定的应用环境，在给定的（或选择的）硬件环境、操作系统及数据库管理系统等软件环境下，创建一个性能良好的数据库模式，建立数据及其应用系统，使之能有效地收集、存储、操作和管理数据，满足用户的各类需要。

（2）数据库设计的内容　数据库设计通常是在一个通用的 DBMS 支持下进行的，即利用现成的 DBMS 作为开发基础。结构特性的设计是指确定数据库的数据模型。数据模型反映了现实世界的数据及数据间的联系，要求在满足应用需求的前提下，尽可能减少冗余，实现数据共享。行为特性的设计是指研究数据库应用的行为和动作，应用数据库工程也是一项庞大的软件工程。两者的区别在于：软件工程中比较强调行为特性的设计；在数据库工程中，由于数据模型是一个相对稳定的并为用户共享的数据基础，所以数据库工程中更强调对于结构特性的设计，并与行为特性的设计结合起来。

知识检验

一、单项选择题

1. （　　）系统是指通过自动读取设备在销售商品时直接读取商品销售信息，如商品名、单价、销售数量、销售时间、销售店铺、购买客户等，并通过通信网络和计算机系统传送至有关部门进行分析加工以提高经营效率的系统。

A. MRP　　B. ERP　　C. MIS　　D. POS

2. 计算机辅助订货简称（　　）。

A. CAO　　B. ERP　　C. MIS　　D. POS

3. （　　）是用来管理仓库内部的人员、库存、工作时间、订单和设备的软件实施工具。

A. CAO　　B. ERP　　C. WMS　　D. POS

4. 仓库管理系统包括库存时间管理和（　　）两个方面。

A. 人事管理　　B. 空间管理　　C. 资金管理　　D. 物流管理

二、判断题

1. 电子自动订货系统（POS）是指企业间利用通信网络（VAN 或互联网）和终端设备以在线连接（ON-LINE）方式进行订货作业和订货信息交换的系统。（　　）

2. 实施 CAO 的目的是要增加库存，改善服务，提高运输效率以及为零售商节省人力。（　　）

3. 数据库的特点之一是以一定的数据模型来组织数据，数据尽可能重复。（　　）

4. 为了使数据库设计能更合理、更有效，需要有效的指导原则，这种指导原则称作数据库设计方法学。（　　）

三、简答题

1. EOS 在企业物流管理中有哪些作用？

2. 简述 POS 系统的工作原理。

课题三　技 能 训 练

任务描述

手机微信创建个人二维码信息。

任务准备

准备 WiFi。

任务目的

了解二维码的相关概念和使用方法。

任务实施

1）在手机上打开微信。

2）选择微信菜单下的最后一项“我”。

3）单击自己的头像。

4）在这里面可以看到一个“二维码名片”。

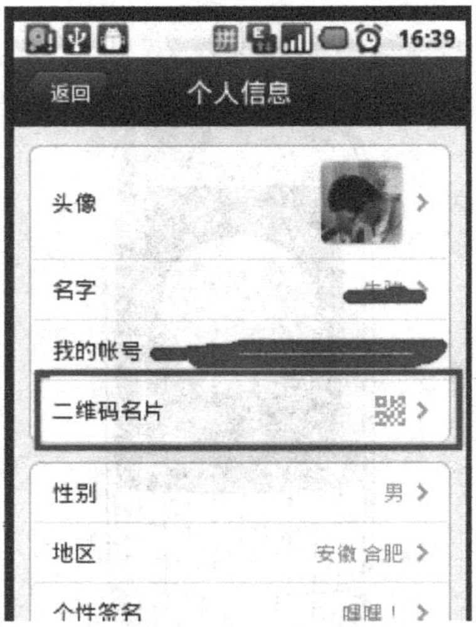

5）单击“二维码名片”，就会自动生成个人二维码。

6）单击右上角的省略号，选择“换一张二维码”可以换二维码样式。

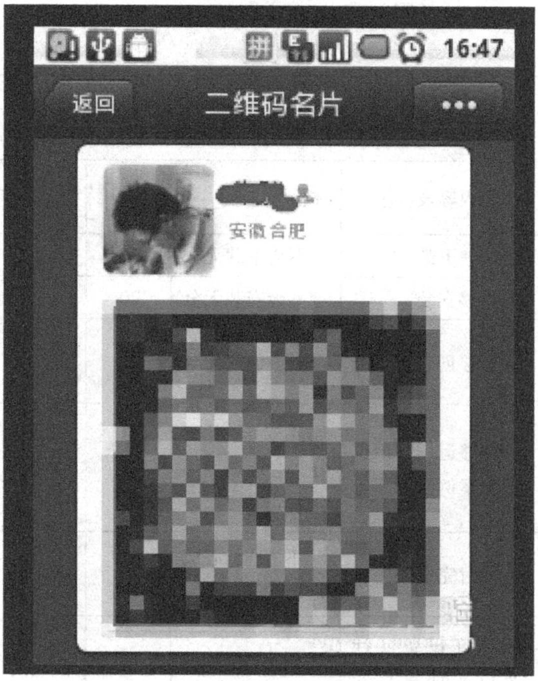

7）选择右上角的省略号下的“保存二维码到手机”或者“分享我的二维码”。保存的二维码，可以直接发给别人，或者挂在网站上让别人扫描。

任务相关资料记录

我的微信号是________________。

任务评价

项目（或任务）编号			学时			学生姓名		总分	
类别	序号	评价项目	评价内容及要求	评价标准	配分	学生自评	学生互评	教师评价	得分
岗位技能评价	1	下载微信	能够下载	不会下载无分	20				
	2	安装微信	能够安装	不会安装无分	20				
	3	创建个人二维码	能够创建	不会创建无分	20				
	4	运用知识能力	能够运用知识点解决案例问题	不会运用无分，会运用一部分减分	30				
	5	完成时间	按时完成任务	不按时完成无分	10				
职业素质评价	6	安全生产	遵守设备（计算机实训室）安全操作规程	不遵守有关规定扣1～5分					
	7	文明生产	遵守实训室卫生文明规则	不遵守有关规定扣1～5分					
	8	沟通交流	积极主动性强	不积极沟通扣1～5分					

注：按学生自评占20%、学生互评占30%、教师评价占50%计算总分。

任务小结

授课班级		授课时间		授课地点	
授课教师			任务名称		
学生表现					
存在问题及改进方法和措施					

单元五　电子商务环境下物流信息支持系统的应用

知识目标

学生通过学习物流信息支持系统的功能，以及进、销、存决策支持系统的功能，初步掌握配送中心建立信息决策支持系统的方法，了解货物跟踪子系统、车辆运行管理子系统、中小型物流运输企业的信息交流网络的作用。

技能目标

- 质量要求：能很好地设置物流工具。
- 方法要求：熟悉“服务商设置”“运费模板设置”“运费/时效查看器”“物流跟踪信息”“地址库”“运单模板设置”，不出现错漏。
- 文明要求：能按照学习要求实施活动，自觉合作完成任务。

问题导入

在淘宝网开设一家网店。掌握网银、支付宝等的使用方法，掌握网店的物流工具。

物流信息支持系统是指管理人员根据一定的设备，根据一定的程序对信息进行收集、分类、分析、评估，并把精确信息及时地提供给决策人员，以便他们做出高质量的物流决策。

课题一　进、销、存决策支持系统的应用及案例

进货、销售、存储管理是企业经营管理中的核心环节，也是企业能否取得经济效益的关键。若能实现合理进货、及时销售、库存最小，则企业自然能取得最佳效益。

如图5-1所示，进、销、存决策支持系统由三部分组成，分别用于物流活动的三个环节。

一、进货管理子系统

确定合理的订货量，选择优秀的供应商和保持最佳的安全储备是进货管理决策子系统的重点所在。进货管理子系统包括采购管理系统和应付账款系统。

1. 采购管理系统

采购管理系统包括四个子系统：采购预警系统、供应厂商管理系统、采购单据打印系统、采购跟催系统。

2. 应付账款系统

采购商品入库后，采购数据即由采购数据库转入应付账款数据库。会计管理人员为供货厂商开立发票及催款单时即可调用此系统，按供货厂商做应付账款统计表作为金额核准之

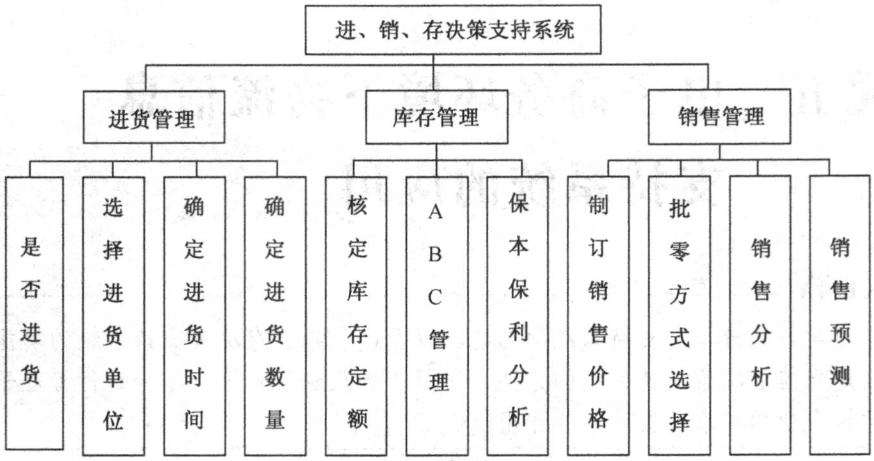

图5-1　进、销、存决策支持系统功能图

用。账款支付后可由会计人员将付款数据登录，更改应付账款文件内容。高层主管人员可由此系统制作应付账款一览表、应付账款已付款统计报表等。

二、销售管理子系统

销售出库管理系统所涉及的作业主要包括自客户处取得订单、进行订单处理、仓库管理、出货准备到实际将商品运送至客户手中为上，均以对客户服务为主。

小资料

销售出库管理系统对内的作业内容是进行订单需求统计，传送到采购入库管理系统作为库存管理的参考，并从采购入库管理系统处取得入库数据；在商品发货后将应收账款账单转入会计部门做转账用；最后将各项内容数据提供给经营绩效管理系统作为考核参考，并由经营绩效管理系统处取得各项经营指示。

销售出库管理系统包括订单处理系统、销售分析与销售预测、拣货规划系统、包装流通加工规划系统、派车计划、仓库管理系统、出货配送系统和应收账款系统。

1. 订单处理系统

订单处理系统主要包括两种作业，即客户询价、报价与订单接收、确认、输入。

自动报价系统需要输入的数据包括客户名称、询问商品的名称、商品的详细规格、商品等级等，然后系统根据这些数据调用产品明细数据库、客户交易此商品的历史数据库、对此客户报价的历史数据库、客户数据库、厂商采购报价等，以取得此项商品的报价历史资料、数量折扣、客户以往交易记录及客户折扣、商品供应价等数据，再由企业按其所需净利与运送成本、保管成本等来制订估价公式并计算销售价格。接着由报价单制作系统打印出报价单；经销售主管核准后即可送予客户，报价单经客户签回后即可成为正式订单。

若订单是由报价单确认而来，则可由系统将报价数据转换为订购数据；若订单由计算机网络传送，则需根据电子数据交换标准格式将数据转换成内部订单文件格式。输入转换后的订购资料需由销售人员核查在客户指定出货日期是否能如期出货，所有的核查可经访问库存控制数据库、拣货产能调用数据库、包装产能调用数据库、运送设备产能调用数据库、人力资源调用数据库等查核其资源能力；数据确认即可转入待出货订单数据库中，并减少上述各数据库中的数量。当销售部门无法如期配送时，可由销售人员跟客户协调，是否分批交货或延迟交货，然后按协调结果修改订单数据文件。销售人员还需检查客户付款状况及应收账款数是否超出公司所定的信用额度，超出额度时则需由销售主管核准后再输入订购数据。当商品退回时，可按订单号码找出原始订购数据及配送数据，修改其内容并标示退货记号，以备退货数据处理。

订单处理系统设计要点如下：

1）所需输入数据包括客户资料、商品规格资料、商品数量等。

2）日期及订单号码、报价单号码由系统自动填写，但可修改。

3）具备按客户名称、客户编号、商品名称、商品编号、订单号码、订货日期、出货日期等查询订单内容的功能。

> **知识卡**
>
> 订单传送的方法有多种，包括邮寄、销售人员取回、电话订购、传真订购及通过计算机网络订购等，故订单的接收需考虑订购数据的识别及法律效力等问题。

4）具备客户的多个出货地址记录，可根据不同交货地点开立发票。

5）可查询客户信用、库存数量、产能分配状况、设备工具使用状况及人力资源分配。

6）具备单一订单或批次订单打印功能。

7）报价系统具备由客户名称、客户编号、商品名称、商品编号、最近报价日期、最近订货数据等查询该客户的报价历史、订购出货状况和付款状况等资料，作为对客户进行购买力分析及信用评估的标准。

8）可由销售主管或高层主管随时修改客户信用额度。

9）具备相似产品、可替代产品资料，当库存不足无法出货时，可向客户推荐替代品以争取销售机会。

10）可查询未结订单资料，以利出货作业的跟催。

2. 销售分析与销售预测

销售分析与销售预测系统包括销售分析、销售预测和商品管理。

> **小资料**
>
> 销售预测一般可根据作业模式或统计方法实现，包括最小平方法、移动平均法、时间序列分析、指数平滑法、多元回归分析等。

销售分析与销售预测系统设计要点如下：

1）具备按商品、客户、作业员、仓库等查询销售量、销售金额、成本、利润等数据及打印各种汇总报表的功能。

2）在固定期间比较不同时期的资料并制作百分比评估表。

3）能由使用者自定各项预测模式。

4）注意检索与排序程序的算法，以缩减处理时间。

3. 拣货规划系统与包装流通加工规划系统

> **小资料**
>
> 常用的商品管理报表包括商品销售排行、畅销品及滞销品分析、商品周转率分析、商品获利率分析等。

拣货规划系统、包装流通加工规划系统设计要点如下：

1）输入数据为分派工作日期及各项作业实际完成数据的修正。

2）需具备批次规划、工作调度、单据打印及与机械设备间接收、转换、传送等功能。

3）规划系统需具备多种拣货方式设定，拣取的商品单位也可由程序更换，并可设定不同仓储单位及拣取单位间数量的转换。

4）由于使用的拣货设备、识别工具及检测仪器不同，需具备与这些设备间数据识别、转换及处理的能力。

5）由于各种商品所需流通加工处理的程序不同，包装流通加工系统需有流通加工程序及设备需求设定的功能。

6）加工系统有组合包装模拟分析及拆包作业分析功能。

4. 派车及出货配送系统

派车及出货配送系统设计要点如下：

1）派车系统中司机及随车人员的调派要考虑司机的工作能力、体力、以往工作量及曾配送区域的范围，以便有效地安排配送人员。

2）所遇困难及不能完成任务的原因也应返回系统中进行分析，避免下次车辆调派错误重新出现。

3）现有车辆不足以配发所有物品时，车辆调派系统还需具备估什所需车辆种类、台数的功能。

4）配送中心由于配送的家数较多，而每家商店配送商品量少、项目多，商店分布范围又广，故须具备较大的数据处理能力。

5. 仓库管理系统

仓库区域规划系统包括仓库规划布置计划系统、拣货区规划系统、包装区规划系统、仓储区规划系统。

（1）仓库规划布置系统　根据销售统计与预测数据中分析的商品所需数量及流动状况，并根据商品明细数据来计算储存、拣货、包装流通加工所需空间，然后进行模拟排列并比较各种布置方案，以选取最佳空间利用规划方案。

（2）拣货区规划系统　拣货区规划时不但要考虑空间划分，还需根据拣货批次、内容及数量将商品分类。

> **小资料**
>
> 商品拣取常为人工拣取。通常将一条拣取线划分成多区域，每人仅负责某个区域的拣取，因此各区域内应平均分配商品品种数量及拣取数，以免因拣取人员工作不平均而产生拣取线的瓶颈。若使用自动拣取设备，则需考虑自动拣取机的摆放及机器间的衔接。

（3）包装、流通加工区规划系统　与拣货区规划类似，但偏重机器摆放的规划，需注意各项包装、流通加工工作流程与机具设备摆放位置的对应，以保证流畅的作业程序。

（4）仓储区规划系统　仓库空间按商品的流动速率、商品存取单位等来划分。商品摆放时可将存取频率相差较大者放置同一线上，使拣货动作较为流畅；另外需将同一储存单位的商品摆放在同一区，以利拣货。可由计算机系统根据商品周转率及商品储存单位来计算排序并打印报表以作为商品分类的参考。

6. 应收账款系统

当商品配送出库后，订购数据即由订单数据库转入应收账款数据库，会计管理人员于结账日调用此系统，将应收账款按客户进行统计并打印催款单及发票。发票的打印可比较灵活，将统计账款总数开成一张发票或以订单为基础开立多张发票。收到账款可由会计人员确认并登录，作为应收账款的销项并转为收支会计系统的进项。系统还可打印应收账款统计表、应收账款收入状况一览表等。

三、库存管理子系统

从企业整个物流活动过程来看，库存是一个重要的缓冲器，旨在调节“无限需求”与“库存最小”（即库存占用资金最少）的矛盾。库存管理的目的，就是要通过对反映库存物资运动过程的信息进行处理、分析和控制，以确定最佳的库存量，以及采集与库存量相关的各类信息（如订货点、订货量等）。库存管理系统包括两个子系统：入库作业处理系统和库存控制系统。

1. 入库作业处理系统

入库作业处理系统包括预定入库数据处理和实际入库作业。

2. 库存控制系统

库存控制系统主要完成库存数量控制和库存量规划，以减少因库存积压过多造成的利润损失。它包括商品分类分级、订购批量及订购时点确定、库存跟踪管理和库存盘点作业。

四、应用案例分析

以宝供的物流信息支持系统为例。宝供储运有限公司是一家物流公司，在采用北京英泰奈特科技有限公司的物流信息支持系统之后，客户的满意程度有了非常大的提高，业务扩展非常明显。使用了该套系统后不到半年的时间里，其客户数由原先的不到10家发展到超过50家，其中不乏如宝洁、雀巢、安利等跨国集团。与国内著名的储运企业相比，只是一个小兄弟的宝供公司，虽然没有自己的运输队伍，却能够击败拥有巨型货运能力的国内国营储运公司，赢得了国际著名企业如宝洁等跨国企业在中国的货品承运权。对于宝供而言，信息系统已经不仅仅是实现业务自动化的手段，而已成为企业的核心竞争资源。

1. 企业背景

广州宝供储运公司是一家业务范围面向全国、流动资金几千万的物流服务公司。拥有员工近千人，有十几家分公司，仅在广州一地就拥有30余家仓库。该公司每天在全国各地进行物流的存储和运输，目前已与50余家独资和合资的国际知名企业签单，为他们提供物流服务。

2. 业务流程及企业需求

在激烈的市场竞争中，物流企业需要及时跟踪货物的运输过程；了解库存的准确信息；合理调配和使用车辆、库房、人员等各种资源；为货主提供优良的客户服务，提供实时的信息查

> 知识卡
>
> **物流企业**
>
> 物流企业是对物品的流向进行操作的行业。它是集物品仓储、运输等流程为一体，把货物从生产地送到用户手中的全过程。这是一种目前非常流行的服务方式。它细化了社会的分工，使得生产企业专心于生产以及产品的调拨上，将产品的运输和仓储全权交给物流企业去完成。物流企业在其业务运作过程中具有环节众多、信息量大的特点，并且信息的动态特性和实时特性较为突出。

询以及物品承运的各种指标数据。可以说信息系统是物流企业生存的必要条件，许多国外的生产厂家选择物流服务企业首要的条件就是物流企业必须具有物流业务信息系统。

3. 方案简介

针对宝供这种典型的物流服务企业的管理特点，北京英泰奈特科技有限公司于1997年底开始为宝供公司开发了一套物流信息支持系统，经过一段时期的应用，效果非常令人满意。英泰奈特的物流信息支持系统采用的是Internet网络构架的信息交流系统，把货物的运输系统分解为接单、发运、到站、再发运、再到站、签收等环节进行操作。在运输方式方面分为短途运输、公路运输、铁路运输，即将加入内河运输、海运和空运，使得系统能够涵盖所有的运输方式。针对物流企业仓库面积大、分布广的特点，把仓储部分分为仓库管理和货品仓储管理两大部分。

4. 模块及功能

（1）接单模块　Internet网上的EDI，货主只要将托运或托管的货物的电子文档发电子邮件给物流服务公司，即可完成双方的交接单工作。

（2）发送模块　完美的配车功能和凑货功能，辅助管理人员完成发送前烦琐的准备工作。

（3）运输过程控制模块　包括货物跟踪和甩货控制，可以实时反馈货物的在途运输情况，跟踪被甩货物的状况。

（4）运输系统管理模块　对承运人、承运工具的管理信息系统。

（5）仓位管理模块　根据优化原则，自动安排每种进仓货物的存放位置，自动提示出仓时应到哪个仓位提货并可以提供实时仓位图。

（6）库存及出库管理模块　自动计算仓库中每种货品的库存量及存放位置，并按先进先出原则提货。

（7）客户服务模块　为客户提供质量评估信息和与货物相关的所有信息。

（8）其他模块　包括储运质量评估模块、统计报表模块、查询模块等。

系统采用集中数据存储，各个分公司对于数据的保有权是有时效限制的，所有最终数据的维护均由公司的信息中心负责进行。

5. 系统特色

（1）开放性　基于Intranet技术，采用标准浏览器，客户端无须开发、培训，将系统维护的工作量降到最低。

（2）Web上的EDI　在Internet环境中实现安全的、标准的EDI交换。

（3）安全性　使用SET技术保证信息传递过程中的安全性。

（4）平台无关性　使用Java技术，实现系统的跨平台运作。

6. 网络结构

（1）VPN结构　企业内部各分支机构之间、企业和客户之间都使用Internet进行通信，不必建立内部专网，减少了投资。

（2）Intranet/Internet/Extranet结构　企业拥有自己的企业内部网（Intranet），通过一个接口与Internet连接，实现信息的发布、业务的协作。

7. 系统实施后带来的好处

1）有效地组织跨地区的业务。

2）充分利用资源。

3）提高客户服务水平。

4）加快资金周转。

5）节约通信费用。

英泰奈特的物流信息支持系统采用的是 Internet 网络构架的信息交流系统，由于采用互联网进行信息的交流，因此通信费用可以大大地降低。

从宏观意义上来说，拥有了一套物流管理的业务系统，就可以开展物流的服务，可以说信息系统比拥有车队和仓库更为重要。国外许多著名的物流公司其本身并没有车队和仓库，但它每年的承运量却可以达到惊人的数字。而许多有着强大的承运能力的国内运输公司或拥有大片空余仓位的储运公司，由于没有一套能够让客户满意的信息系统而失去了与客户合作的机会，只能沦为那些有信息系统但没有储运能力的物流公司的廉价的运输和仓储工具。

知识检验

一、单项选择题

1. 进货管理子系统包括采购管理系统和（　　）系统。

A. 物流　　B. 资金　　C. 应收账款　　D. 应付账款

2.（　　）管理系统所涉及的作业主要包括自客户处取得订单、进行订单处理、仓库管理、出货准备到实际将商品运送至客户手中为上，均以对客户服务为主。

A. 销售出库　　B. 订单处理　　C. 销售分析与销售预测　　D. 拣货规划

3. 入库作业处理系统包括预定入库数据处理和（　　）。

A. 销售出库　　B. 拣货规划　　C. 实际入库作业　　D. 销售分析与销售预测

4. 销售分析与销售预测系统包括：（　　）、销售预测、商品管理。

A. 物流　　B. 销售分析　　C. 应付账款　　D. 资金

二、判断题

1. 进货、销售、存储管理是企业经营管理中的核心环节。（　　）

2. 销售预测一般可根据作业模式或统计方法实现，包括最小平方法、移动平均法、时间序列分析、指数平滑法、多元回归分析等。（　　）

3. 进货只能是定期进货。（　　）

4. 由于配送业务可实现生产企业的“零库存”，因此今后的发展可以做到消灭库存。（　　）

5. 企业的采购计划就是对采购过程中物流活动所进行的计划。（　　）

6. 销售物流管理环节主要考虑扩大市场、提高客户服务水平、降低物流成本等。（　　）

三、简答题

1. 简述物流信息支持系统的功能。

2. 采购管理系统包括哪些子系统？

课题二　配送与运输管理系统的应用及案例

一、配送中心的管理系统

为了满足各方面的信息需求，配送中心应建立以下几个信息决策支持子系统：

1. 销售决策支持系统

其主要职能是订单处理，还可以包括客户管理、销售分析预测、价格管理等功能。

2. 采购决策支持系统

其主要职能是接受进货以及验收，还可以有供应商管理、采购决策、存货控制等功能。

3. 储存决策支持系统

其功能是对储存商品进行各项管理，包括存储管理、进出货情况登记、分拣加工、采购决策、应付账款的管理等内容。

4. 综合决策支持系统

其功能是根据在物流活动中采集的数据信息，结合企业的具体要求编制各类分析报告，为管理人员的决策提供依据。

除了以上专项管理系统以外，在大型配送公司里，往往还建立了ECR和JIT系统。利用ECR客户信息反馈这种有效手段可使仓库的吞吐量大大增加，而通过JIT（Just In Time）系统，可以从零售商店很快地得到销售反馈信息。

配送不仅实现了内部的信息网络化，也增加了配送货物的跟踪信息，从而大大提高了物流企业的服务水平，降低了成本，增强了企业竞争力。

> 知识卡
>
> **ECR**
>
> ECR（Efficient Customer Response），即有效客户响应。它可以做到客户要什么就送什么，而不是有什么送什么。

二、运输信息管理系统

顾客需要的多样化和个性化要求物流运输企业提供多频度、小数量、及时运送的高水准的物流服务，同时物流行业激烈的竞争要求物流运输企业以适当的成本提供差别化的物流服务。近年来，企业管理的一个重要的发展趋势是企业采取选择和集中的经营战略，专注于主业和成长行业，其他业务采取外购和委托方式，其中之一是把物流运输业务完全委托给专门的物流运输企业去完成，这样物流运输企业与它的顾客形成共同利益关系，与供应链的参与各方整合在一起（如图5-2所示）。作为第三方物流的运输企业，经营效率的高低直接影响到整个供应链的经营效果。因此为了满足顾客的需要，为了在激烈的竞争中获得竞争优势，为了提高整个供应链的经营效果，许多物流运输企业，特别是大型物流运输企业，从战略高度出发建立自己的战略信息系统（SIS）、应用货物跟踪系统、运输车辆运行管理系统等物流信息管理系统，提高企业的经营效率。下面着重介绍目前物流运输企业广泛使用的物流运输信息管理系统。

三、运输信息管理子系统

1. 货物跟踪子系统

货物跟踪系统是指物流运输企业利用物流条形码和EDI技术及时获取有关货物运输状态的信息（如货物品种、数量、货物在途情况、交货期间、发货地和到达地、货物的货主、送货责任车辆和人员等），提高物流运输服务的方法。货物跟踪系统提高了物流运输企业的服务水平，其具体作用表现在以下四个方面（见图5-2）。

小资料

物流运输企业的工作人员利用扫描仪自动读取货物包装或货物发票上的物流条形码等信息，通过公共通信线路、专用通信线路或卫星通信线路把货物的信息传送到总部的中心计算机进行汇总整理，这样所有被运送的货物的信息都集中在中心计算机里。

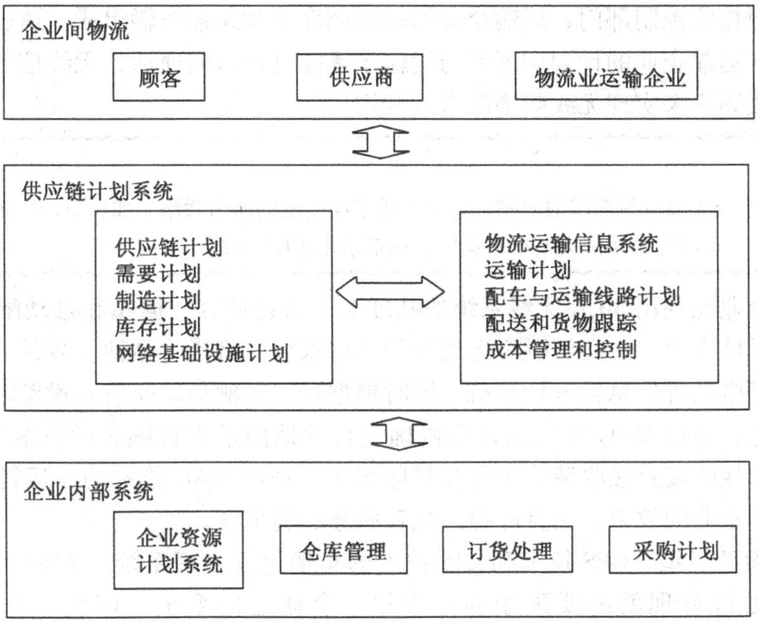

图 5-2 物流运输业和供应链关系结构图

1）当顾客需要对货物的状态进行查询时，只要输入货物的发票号码，马上就可以知道有关货物状态的信息。查询作业简便迅速，信息及时准确。

2）通过货物信息可以确认货物是否将在规定的时间内送到顾客手中，能及时发现没有在规定的时间内把货物支付给顾客的情况，便于马上查明原因并及时改正，从而提高运送货物的准确性和及时性，提高顾客服务水平。

3）作为获得竞争优势的手段，提高物流运输效率，提供差别化物流服务。

4）通过货物跟踪系统所得到的有关货物运送状态的信息丰富了供应链的信息分享源，有关货物运送状态信息的分享有利于顾客预先做好接货以及后续工作的准备。

建立货物跟踪系统需要较大的投资，如购买设备、标准化工作、系统运行费用等。因此只有有实力的大型物流运输企业才能够应用货物跟踪系统。但是随着信息产品和通信费用的低价格化以及互联网的普及，许多中小物流运输企业也开始使用货物跟踪系统。在信息技术广泛普及的美国，物流运输企业建立本企业的网页，顾客通过互联网与物流运输企业联系运货业务和查询运送货物的信息。在我国，许多物流运输企业也已开始建立本企业的网页，通过互联网从事物流运输业务。

2. 车辆运行管理系统

在物流运输行业，由于作为提供物流运输服务手段的运输工具（如卡车、火车、船舶、飞机等）在从事物流运输业务过程中处于移动分散状态，在作业处理方面会遇到其他行业所没有的困难。但是随着移动通信技术的发展和普及，出现了多种车辆运行管理系统。下面将介绍两种车辆运行管理系统，一种是适用于城市范围内的应用MCA无线技术的车辆运行管理系统，另一种是适用于全国、全球范围的应用通信卫星和GPS技术的车辆运行管理系统。

（1）应用MCA无线技术的车辆运行管理系统　MCA（Multi Channel Access）无线系统由无线信号发射接收控制部门、运输企业的计划调度室和运输车辆组成。通过无线信号发射接收控制部门，运输企业的计划调度室与运输车辆能进行双向通话，无线信号管理部门通过科学地划分无线频率来实现无线频率的有效利用。

小资料

由于MCA系统无线发射功率的限制，它只适用于小范围的通信联络。如城市内的车辆计划调度管理，在我国北京、上海等城市的大型出租运输企业都采用MCA系统。

物流运输企业在利用MCA无线系统的基础上，结合顾客数据库和自动配车系统进行车辆运行管理。具体来说，在接到顾客运送货物的请求后，将货物品种、数量、装运时间、地点、顾客的联络电话等信息输入计算机，同时根据运行车辆移动通信装置发回的有关车辆位置和状态的信息，通过MAC系统由计算机确定自动地向最靠近顾客的车辆发出装货指令，由车辆上装备的接收装置接收装货指令并打印出来。利用MAC技术的车运行管理系统不仅能提高物流运输企业的效率，而且能提高顾客服务的满足度。

（2）应用通信卫星、GPS技术和GIS技术的车辆运行管理系统　在全国范围甚至跨国范围进行车辆运行管理就需要采用通信卫星、全球定位系统（GPS）和地理信息系统（GIS）。采用通信卫星、GPS技术和GIS技术的车辆运行管理系统中，物流运输企业的计划调度中心和运行车辆通过通信卫星进行双向联络。具体地说，物流运输企业计划调度中心发出的装货运输指令，通过公共通信线路或专用通信线路传送到卫星控制中心，由卫星控制中心把信号传送给通信卫星，再经通信卫星把信号传送给运行车辆，而运行车辆通过GIS系统确定车辆准确所在位置，找出到达目的地的最佳路线，同时，通过车载的通信卫星接收天线、GPS天线、通信联络控制装置和输出入装置把车辆所在位置和状况等信息通过通信卫星传回企业计划调度中心。这样物流运输企业通过应用通信卫星、GPS技术和GIS技术不仅可以对车辆运行状况进行控制，而且可以实现全企业车辆的最佳配置，提高物流运送业务效率和顾客服务满足程度。在地域辽阔的美国，由于采用通信卫星、GPS技术和GIS技术的车辆运行系统能提高配车运送效率、缩短等待装货时间，越来越多的企业开始采用这一系统。

小资料

美国物流运输租赁企业J. B. HANT公司在出租车辆上安装卫星通信和车辆控制系统，该公司不仅利用这些系统进行双向联络通信、车辆调配管理、装货信息管理，而且利用这些系统可以对交通规则的遵守情况、车辆空载、燃料费等方面进行实时管理。

但是，采用通信卫星、GPS技术和GIS技术的车辆运行管理系统初期投资大，并且利用通信卫星进行通信联络的费用高。在发达国家，目前只有大型物流运输企业采用通信卫星、GPS技术和GIS技术进行车辆运行管理。由于我国国土辽阔，随着经济的快速发展，对物流运输服务的要求将越来越高，利用通信卫星、GPS技术和GIS技术的车辆运行管理是今后大型货车运输企业的发展趋势。

3. 中小物流运输企业的信息交流网络

物流运输企业中的绝大多数是中小企业，而这些企业都以当地业务为主，属于地方企业。当运送范围超过了它通常的营业区域，在运送货物到达目的地之后回程时，往往找不到需要发往本地区的货物而空车返回。这样对企业来说，会增加成本，减少利润，对社会来说，则会造成资源的浪费。而当运输业务集中出现时，又往往会超出（中小）企业的运输能力，这时它需要其他企业的支援，否则会降低顾客服务水平，造成机会损失，因此需要把零散的中小物流运输企业组织起来，建立一个向这些企业提供交流求车和求货信息的系统。下面以日本为例来看如何建立中小物流运输企业的信息交流网络。

> **动脑筋**
>
> 为什么需要把中小物流运输企业组织起来，建立一个向这些企业提供和交流求车和求货信息的系统？

1991 年，以全日本卡车协会和日本货物运送协同组合联合会为中心，建立了一个以确保回程货物为目的的求车和求货信息交换和撮合系统。该系统称之为全国网络 KIT。在日本全国各地，由各地的货物运输企业建立了具有同样功能的系统，这些地区性的系统称之为区域 KIT。

全国网络 KIT 由于利用日本电话电报公司（NTT）提供的 NTTPC 交流电子表示板和通信网络，使得中小企业和个人的电脑都能方便地与之连接，成本低。中小企业或者个人向个人电脑输入求车或求货信息，通过互联网传送到全国网络 KIT，同时通过互联网可检索他人登记的求车和求货信息，寻找撮合机会，并且可以用电子邮件或电话传真进行通信。到 1995 年，有 150 个协同组合，15000 个物流运输企业加入全国网络 KIT，每月求车求货的信息登记数目达 2500 件。日本的这一做法值得我国物流运输行业有关部门借鉴。

四、全球运输网络的案例

全球运输网络

全球运输网络是一个雄心勃勃的重组和定位，对商业和军事物流业务具有潜在的深远影响。虽然一些商业卖主在开发货物追踪、物流重组和定位自动化系统，但还没有商业货主或承运人，具有像美国运输指挥部那样的规模和复杂性。该指挥部在伊利诺伊州 Scott 空军基地的总部监管陆军、海军和空运物流，军事运输量超过了“通用汽车”或“通用电气”。军事物流正试图尽力采用私人部门成功的技术和技巧。对任何商业来说，重组和定位物流程序都是一个至关重要的组成部分。如果不去理睬暗绿色的制服，那么在印象上美国运输指挥部的官员就与企业物流重组和定位员非常相似。

> 小资料
>
> **商界与军界运输网络的区别**
>
> 商界和军界运输网络既有区别又有相似。公司能更精确地预测其物流需要，他们的合同要求是更加灵活的，他们无须面对战争的意外和不确定性。在军事和商业部门之间，最明显的跨部门的成果是美国运输指挥部的全球运输网络，一个几百万美元的数据库系统，用来收集、综合和发布综合物流数据。

美国运输指挥部对全球运输网络的测试仍处于初始阶段，仅在有限范围内进行。1993 年 3 月，在空运中实施了一个原型，它包括完整的客位预订、机场和物流决策支持数据。之后，许多技术改进添加入原型中。1994 年初，它延伸到了海运。美国运输指挥部在试图通过招标来实现全部功能，并期望在 1994 年末授予合同。

虽然全球运输网络已发展了多年，1991 年的波斯湾战争又给予了其附加的动力。沙漠防卫、沙漠风暴行动都被广泛称为物流胜利。但它同样指出，在军事货物的识别和追踪系统方面，存在着内在的缺陷。为支持海湾战争的 35000 个装有物料的集装箱中，有 27000 个不得不在沙特阿拉伯的码头上打开，以便查明所装载的货物。集装箱识别问题造成了严重的码头拥挤，从而成为海湾战争供应链上的关键限制环节。集装箱识别问题，迫使美国运输指挥部在 1994 年集中精力改进运输中的可见性。其定义为在和平和战争期间，识别和追踪防卫货物和人员从起始点到终点之间的运动。运输中的可见性仅是全球运输网络的一个因素，军事官员将它作为一种为移动的货物和人员发展重组和定位，以及向官员和人员提供信息的手段。官员依靠数据来提供关于装载能力、订货和运输内容，以及由于缩短申报和发送之间的停滞而使订货周期时间减少。这对解决短期矛盾可能是极重要的。

全球运输网络重组和定位者将注意力集中在现行系统的标准化以及理解数据是如何在信息系统中被利用上。这是确认技术是如何能帮助军事，使其工作做得更好一点、更有效率一点和更快一点所必需的。大多数的军事货物是通过商业运输工具运输的，因此这个系统越能与商业应用协调就越好。在这种情况下，美国运输指挥部将尽可能多的商业可用的现货供应技术应用到全球运输网络中去。

过去，军事能够通过其强大的资源来弥补其物流重组和定位的指数。但是今天，在一个战争时间更短和国防部规模缩小的时代，物流官员必须更聪明地工作。国防部关于"沙漠风暴"的报告，指出了分销过程的"复杂、分割和不集中……其拼凑得到的功能和责任，只是以失去系统效率为代价，而使局部要素最优化"。

为了对这个批评性的评论做出回应，美国运输指挥部使全球运输网络标准化，使之能收集信息，并使信息可用于任何需要更好支持物流重组和定位及决策的时间与地点。在索马里的"恢复希望"行动中，美国运输指挥部能够通过测试商业激光视觉卡和无线电频率技术来实施货物追踪和识别，能够解决将这些和其他的新技术，同全球运输网络数据库协调起来的问题。

知识检验

一、单项选择题

1. (　　) 主要职能是订单处理，还可以包括客户管理、销售分析预测、价格管理等功能。

A. 采购决策支持系统　　B. 储存决策支持系统

C. 销售决策支持系统　　D. 综合决策支持系统

2. (　　)，即有效客户响应。它可以做到客户要什么就送什么；而不是有什么送什么。

A. DRP　　B. MRP　　C. JIT　　D. ECR

3. (　　) 是指物流运输企业利用物流条形码和 EDI 技术及时获取有关货物运输状态的信息（如货物品种、数量、货物在途情况、交货期间、发货地和到达地、货物的货主、送货责任车辆和人员等），提高物流运输服务的方法。

A. 货物跟踪系统　　B. 车辆运行管理系统　　C. 运输信息管理系统　　D. 仓库管理系统

4. （　　）功能是对储存商品进行各项管理，包括存储管理、进山货情况登记、分拣加工。采购决策、应付账款的管理等内容。

A. 采购决策支持系统　　B. 销售决策支持系统

C. 综合决策支持系统　　D. 储存决策支持系统

二、判断题

1. 建立货物跟踪系统不需要较大的投资。（　　）

2. 与外包物流相比，企业如果自己运作物流，要面临两大风险，一是投资的风险，二是存货的风险。（　　）

3. 多式联运作为一种新型的运输组织形式，其主要目的是为客户提供高质量、低成本的运输服务，但其“门—门”的服务可拓展到整个物流过程。（　　）

4. 由于MCA系统无线发射功率的限制，它只适用于小范围的通信联络。（　　）

三、简答题

1. 配送中心应建立哪些信息决策支持系统？

2. 何为货物跟踪系统？为什么说货物跟踪系统提高了物流运输企业的服务水平？

3. 应用通信卫星、GPS技术和GIS技术的车辆运行管理系统有何优点和弊端？

课题三　技能训练

任务描述

为某淘宝网店利用淘宝网提供的免费物流工具，进行相关“服务商设置”“运费模板设置”“运费/时效查看器”“ 物流跟踪信息”“地址库”“运单模板设置”。

任务准备

注册、登录淘宝网，开通网银、支付宝，在“卖家中心”进行“我要开店”。在“物流管理”中的“物流工具”，进行相关“服务商设置”“运费模板设置”“运费/时效查看器”“物流跟踪信息”“地址库”“运单模板设置”。

任务目的

了解并掌握淘宝网提供的免费物流工具。

任务实施

1）注册、登录淘宝网，开通网银、支付宝，在“卖家中心”进行“我要开店”。开好网店后，进入“卖家中心”。

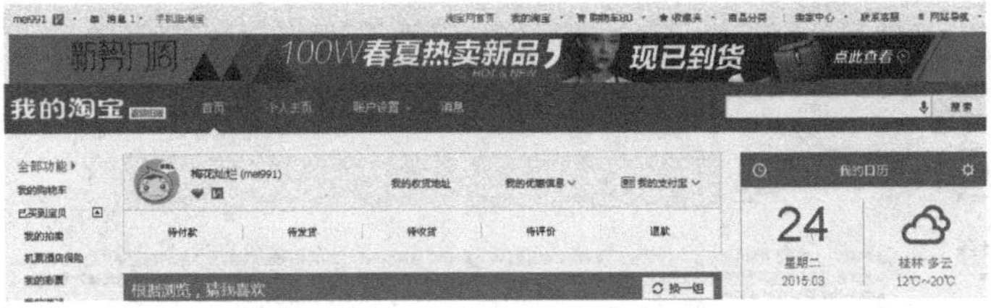

2）在“物流管理”中的“物流工具”，进行相关“服务商设置”。

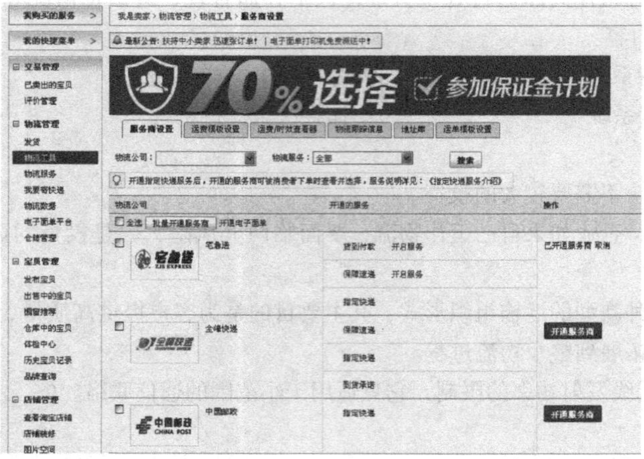

3）在“物流管理”中的“物流工具”，进行相关“运费模板设置”。

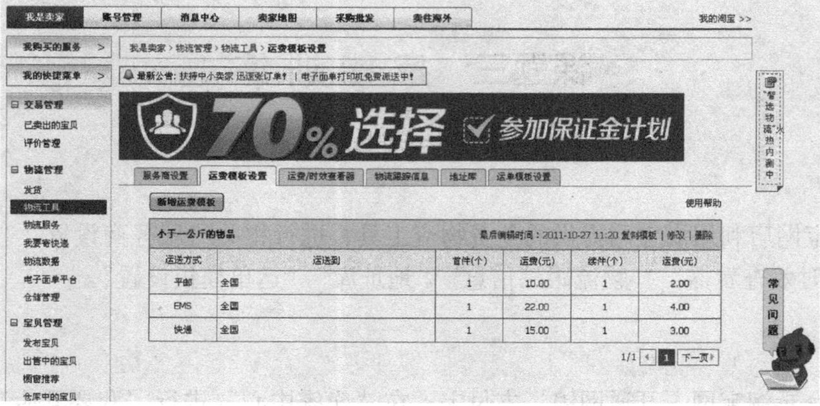

4）在“物流管理”中的“物流工具”，进行相关“运费/时效查看器设置”。

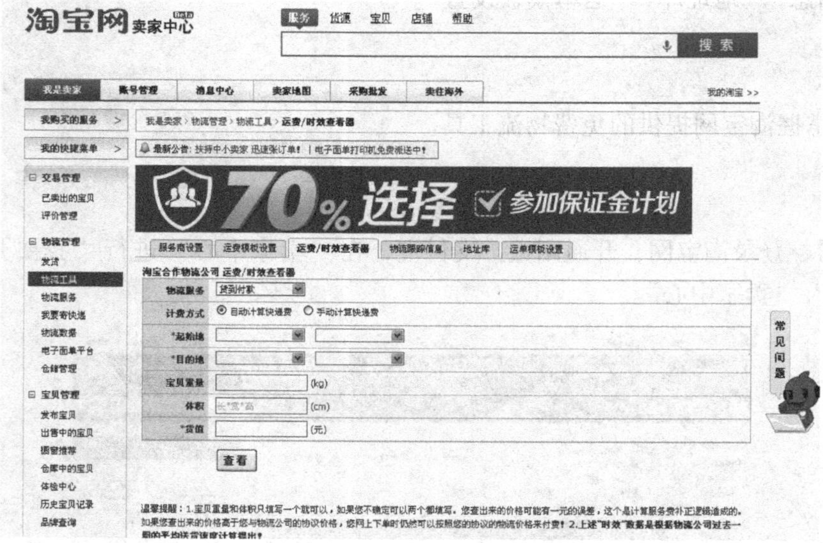

5）在“物流管理”中的“物流工具”，进行相关“物流跟踪信息”设置。

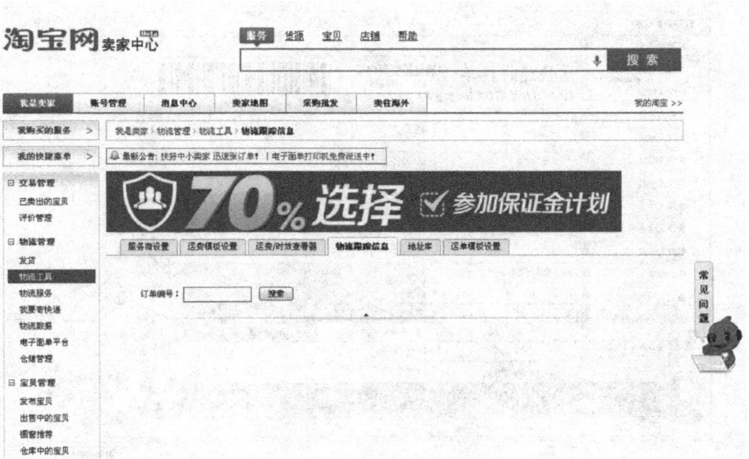

6）在“物流管理”中的“物流工具”，进行相关“地址库”设置。

7）在“物流管理”中的“物流工具”，进行相关“运单模板设置”。

8）了解掌握快递详情单的填写。

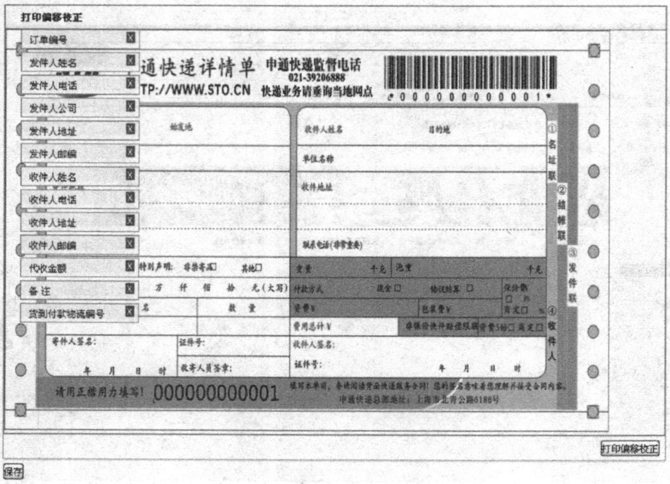

任务相关资料记录

1. 建议用网银存20元足够完成相关练习，网银的密码必须熟记。
2. 支付宝的用户名______________，密码必须熟记。
3. 淘宝网的用户名______________，密码必须熟记。

任务评价

项目（或任务）编号			学时		学生姓名		总分		
类别	序号	评价项目	评价内容及要求	评价标准	配分	学生自评	学生互评	教师评价	得分
岗位技能评价	1	开通网银	能够开通	不会开通无分	20				
	2	网银捆绑支付宝	能够捆绑	不会捆绑无分	20				
	3	注册淘宝网、登录	能够注册、登录	不会注册、登录无分	20				
	4	进行相关“物流工具”设置	能够设置	不会设置无分	20				
	5	运用知识能力	能够运用知识点解决案例问题	不会运用无分，会运用一部分减分	10				
	6	完成时间	按时完成任务	不按时完成无分	10				

（续）

项目（或任务）编号			学时		学生姓名			总分	
类别	序号	评价项目	评价内容及要求	评价标准	配分	学生自评	学生互评	教师评价	得分
职业素质评价	7	安全生产	遵守设备（计算机实训室）安全操作规程	不遵守有关规定扣1~5分					
	8	文明生产	遵守实训室卫生文明规则	不遵守有关规定扣1~5分					
	9	沟通交流	积极主动性强	不积极沟通扣1~5分					

注：按学生自评占20%、学生互评占30%、教师评价占50%计算总分。

任务小结

授课班级		授课时间		授课地点	
授课教师		任务名称			
学生表现					
存在问题及改进方法和措施					

任务拓展

网 上 购 物

学生通过淘宝网、凡客、易趣、当当网等完成一次网上购物，了解网上购物的程序，并初步认识电子商务物流过程和常见的电子支付模式。

1）你平时喜欢在网上购物吗？

2）网络购物和传统购物有哪些区别？

3）你在网上买衣服，是否担心衣服质量有问题？如何解决？

4）你是否介意在网上留下自己的信息，是否被泄露并被骚扰过？

5）如果你是卖家，你有哪些想法提高销售量？

单元六　电子商务下的物流配送基础知识

知识目标

通过学习电子商务环境下的物流配送基础知识，以及电子商务环境下的生产企业和商业企业物流配送知识，能够初步对电子商务环境下生产企业和商业企业的物流活动进行分析。

技能目标

- 质量要求：老师示范搜索既定商品，完成支付宝支付，查询商品的物流。
- 方法要求：学生掌握网络购物和商品物流的查询。
- 文明要求：能按照学习要求实施活动，自觉合作完成任务。

课题一　物流配送基础知识概述

一、物流配送

1. 配送的内涵

电子商务环境下的物流配送，就是信息化、现代化、社会化的物流配送。它是指物流配送企业采用网络化的计算机技术和现代化的硬件设备、软件系统及先进的管理手段，针对社会需求，严格地、守信用地按用户的订货要求，进行一系列分类、编配、整理、分工、配货等理货工作，定时、定点、定量地交给没有范围限度的各类用户，满足其对商品的需求。可以看出，这种新型的物流配送是以一种全新的面貌，成为流通领域革新的先锋，代表了现代市场营销的主方向。

小资料

新型物流配送的优点

新型物流配送能使商品流通较传统的物流配送方式更容易实现信息化、自动化、现代化、社会化、智能化、合理化、简单化，使货畅其流，物尽其用，既减少生产企业库存，加速资金周转，提高物流效率，降低物流成本，又刺激了社会需求，有利于整个社会的宏观调控，也提高了整个社会的经济效益，促进市场经济的健康发展。

2. 配送在物流系统中的地位和作用

（1）配送是物流网络构成的基础　物流系统是一个网络结构系统，系统中的配送活动使物品在位置空间中发生位移，称为线路活动，其他物流活动是在物流据点（物流中心、配送中心或车站码头）上进行的，称为节点活动，线路活动和节点活动共同构成物流网络。图 6-1 和图 6-2 为两种典型的产品从生产企业流动到消费者手中的物流系统网络图。图中箭线表示线路活动，方框和圆圈表示节点，节点活动就是在这些据点上进行的。图6-1为直供物流系统网络，图6-2为中转物流系统网络。

在直供系统中，只存在起始和终端节点，无中间节点，物流的节点活动只在起始节点和终端节点上进行，即由生产企业和零售店或用户承担。从网络结构看，如果没有配送这类线路活动，网络节点将成为孤立的点，网络结构也就不存在，零售店或用户需要的物品也就无法得到。

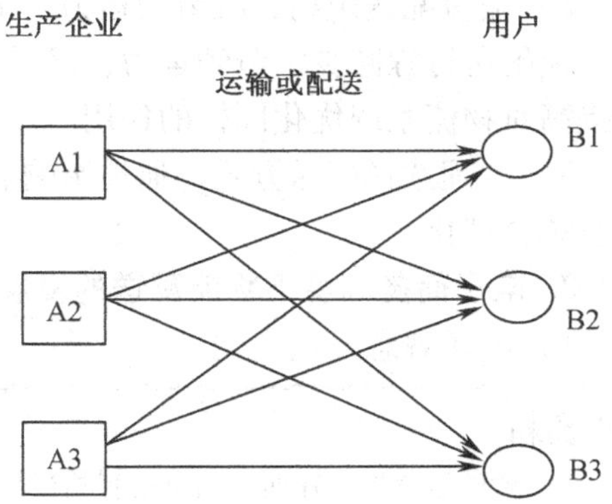

图6-1 直供物流系统网络

在中转物流系统中存在物流中心和配送中心，它们是中间节点，物流的节点活动主要在这些点上进行。不难理解，中间节点上的物流点活动是由于线路活动存在而发生的，如搬运、装卸是因为有了配送才需要；另一方面，如果没有线路活动，中间节点上就不存在物流客体，物流活动的作用对象都不存在，那么节点活动自然也就不可能发生，而且这时，作为中间节点的物流中心、配送中心也就没有存在的必要。

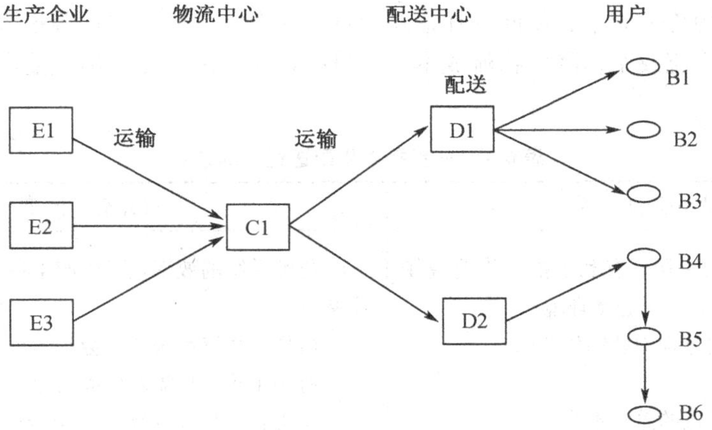

图6-2 中转物流系统网络

（2）配送是物流系统功能的核心　由于物流系统的功能是由各子系统来实现的，所以多数资料将物流系统的功能表述为运输功能、存储功能、搬运装卸功能、流通加工功能、包装功能和信息处理功能等。物流系统同时还可以划分为三大效用，或称三大功能，即创造物品的空间效用、时间效用和形质效用。

物流系统的各种功能中，运输、储存、流通加工是主体功能，装卸、搬运、包装和信息处理则是从属功能，而主体功能中的配送功能的主导地位更加凸显出来。

（3）配送是物流合理化的关键　物流合理化是指在各物流子系统合理化基础上形成的最优物流系统总体功能，即系统以尽可能低的成本创造更多的空间效用、时间效用和形质效用。或者从物流承担的主体来说，以最低的成本为用户提供更多更优质的物流服务。物流系统是由运输、储存、装卸、搬运、包装、流通加工配送和信息处理子系统构成，所以物流合理化不是各子系统局部最优的叠加，而是根据系统论原理，各子系统合理并相互协调产生结构效应，使系统总体功能达到最优。

1）快速配送使单位物品的物流运费降低、存储成本减少、物品使用价值提高。

2）缩短配送距离，既节约运力，也使库存减少、物品使用价值提高。通过配送路线优化，使配送行程减少，节约运力，降低物流的运输成本。配送行程减少，也能起到与配送速度提高对物流系统优化同样的作用。

3）合理选择配送方式，通过影响装卸、搬运、包装、库存这些物流子系统，实现使物流系统合理化。

3. 电子商务环境下物流配送的发展趋势

1）配送观念发生变化。

小资料

一般的送货形态在西方国家已有相当长的历史，它是随市场竞争的出现而产生的一种必然经济行为。在激烈的市场竞争情况下，经营者必然要采取各种各样促销手段，并将配送作为企业发展的战略手段去认识它，很多企业直到20世纪70年代仍然将送货看成“无法回避、令人讨厌、费力低效的活动，甚至有碍企业的发展”。

2）一贯托盘化的配送运输正在推广。一贯托盘化配送运输是以托盘为基本单位，把不同尺寸大小的货物统一起来，使同一托盘在运输、储存、装卸、搬运等过程中连续使用，不需更换，以提高物流效率，降低物流成本。一贯托盘化的配送运输给企业和给社会带来的效果见表6-1。

表6-1　一贯托盘化配送运输的效果

对企业的效果	对社会的效果
1. 标准化托盘的采用，有利于推进作业现场的机械化和自动化，改善劳动环境	1. 物流系统的效率化可以产生各种各样的宏观经济效果
2. 节省配送运输过程中装卸作业的时间	2. 能提高物流系统的社会影响
3. 减少货损货差	3. 有利于改善物流对环境的影响
4. 有利于降低物流的总成本	4. 有利于水陆空联运和国际复合运输方式的发展
5. 使效率化物流系统的建立成为可能	5. 有利于国际物流系统的合作与协调

一贯托盘化配送运输要求使用统一标准的托盘，不仅一个国家内部的托盘尺寸要统一，还要与国际标准一致，这样才能实现国际全程联运。

小资料

目前，世界上一些经济发达国家使用托盘已普及化，美国、欧洲、澳洲标准托盘利用率分别达到55%、70%和95%，在欧洲，使用标准化的托盘已成为常识。在澳大利亚，美国的托盘可原封不动地用于澳大利亚国内的物流。日本一直致力于托盘标准化的工作，在国内大力推广T11标准托盘，标准托盘使用率达到35%。

3）门到门配送运输越来越受欢迎。门到门配送运输也称全程联运，是以某一包装单元（托盘或集装箱）作为运输单元，通过多式联运方式，将货物从起点一票到底，运送到最终目的地的配送运输形式。例如，将需要配送运输的货物装在托盘上形成包装单元，两头用汽车，中间用铁路，将货物运送到用户手中。或者以集装箱作为配送运输单元，先用汽车，再用飞机，最后再用汽车运送到用户要求的最终目的地。

门到门配送运输是集装单元化与多式联运的结合，是最理想的运输方式，它从整体上保证了配送运输过程的最优化和高效率，所以深受用户的普遍欢迎。这种配送运输方式在国际货物运输中发展较快，逐渐成为国际货物运输的主流。中国远洋运输公司、联邦快递 FedEx、欧洲德国的 DHL、日本邮船公司等世界有名的运输公司在门到门运输服务方面走在了前面。

4）智能化配送运输迅速发展。所谓智能化，主要是指数字交换技术（EDI）、地理信息系统（GIS）和全球定位系统（GPS）在货物运输和配送中的应用。这些技术的应用，有利于提高运输和配送的作业效率，降低营运成本，对第三方物流企业来说，也是实施差异化战略，形成差异化服务优势的重要手段。

小资料

我国铁路开发的基于 GPS 的计算机管理信息系统，可以通过 GPS 和计算机网络实时进行全路列车、机车、车厢、货车追踪管理，只要知道货车的车种、车型、车号，就可立即从近 10 万公里的铁路网上流动着的几十万辆车中找到该货车，还能得知这辆货车正在何处运行或停在何处，以及所有车载货物的发货信息。铁路货运应用 GPS 以后，大大提高了其网络及运营的透明度，为货主提供更高质量的服务。

5）配送增值服务功能不断增强。配送增值服务是在基本服务的基础上，根据用户的特殊要求而增加的服务，是一种“订制”服务，是物流企业实施差异化战略的重要手段。物流企业为了取得竞争优势，不断增强增值服务功能。如为零售商提供商品配送时，除按质、按量、准时将商品送达指定地点外，还将送达的商品按营业要求进行合理摆放，以减少营业人员的营业准备时间；宅急便配送不仅进行物质产品的输送，还为用户提供修理、检查等服务项目，使用户在接受配送服务的同时也获得修理服务的满足。

6）新型“绿色”配送工具正在开发。物流的发展，使配送工具增多，而现在的汽车、火车、轮船、飞机等配送工具都是主要的环境污染源，特别是实行小批量、多批次、准时制配送，会使环境污染更加严重。这些配送工具的污染主要有两个方面：一是排气造成的大气污染；二是噪声、振动造成的污染。为了减少环境污染，研究人员正在开发新的配送工具，有的已经面世，如电动汽车，以甲醇为原料的汽车，电力、汽油两用车等已经开发出来，但因经济性问题还未大量投入使用。

二、现代物流配送促进了现代生产方式的变革

1. 准时制生产（JIT）与配送

传统生产方式建立在对市场需求预测的基础上，即通过需求预测制订生产计划和采购计划。在传统生产方式下，一个重要的观念就是用库存来保证需求，用库存来保证生产。因为市场需求是随机的，变化莫测，如果生产系统不能适应需求的变化，单纯依靠库存来保证需求就变得理所当然了。因此，生产系统要能适应需求的变化，原材料、零部件的及时供应就显得至关重要。

准时制生产方式，即以订单为基础的一种生产方式。这种生产方式生产的品种多、批量

小，其目的是减少浪费，特别是由于库存造成的浪费。实现准时制生产的重要条件之一是高效率、低成本的配送。由于品种多、批量小、变化频繁，因此要求原材料、零部件的供应也应及时，而且必须是小批量、多批次。而由于小批量、多批次配送成本高，必须做到合理配送。同时，生产系统为了提高反应速度，适应需求的变化，还会将某些生产准备活动向外委托，即交由专业的第三方物流企业承担，如原材料的初加工、零部件检测、包装物的拆除和回收等。这就要求配送功能更加完善，能够提供多功能的增值服务，使供应物流与生产物流的衔接紧密无缝。

小资料

海尔集团首席执行官张瑞敏指出："现代企业运作的驱动力是订单，如果没有订单，现代企业就不可能运作。要实现这个订单，就意味着靠订单去采购，为订单去制造，为订单去销售……。"张瑞敏指的订单就是用户的需求，强调的就是按需求组织生产制造，组织采购和销售。张瑞敏还进一步指出："如果要实现完全按订单去销售、采购、制造，那么支持它的最重要的一个流程就是物流。"

2. 精细生产与配送

精细生产起源于日本丰田汽车公司，它是从企业的整体出发，合理地配置资源，科学地安排生产过程，保证质量，消除一切不能增加效用价值的活动。精细生产追求完美、零缺陷和零库存，即质量要尽可能高，库存尽可能少。精细生产方式下，企业与用户的关系是"用户至上"、"用户第一"，与供应商的关系是合作伙伴关系，工厂按订单排出生产日程，并将日程表交给零部件生产企业组织生产和供应。日本汽车厂采用精细生产方式能在两周内将用户所需的汽车交给用户。精细生产方式要求原材料、零部件实行准时采购，使原材料、在制品和产成品的库存向零靠近。显然，为了满足精细生产的要求，与JIT方式一样，必须实行小批量、多批次、具有多功能服务的准时制配送。

3. 敏捷制造与配送

敏捷制造是指为了适应市场的变化和用户的不同要求而做出快速、灵敏和有效反应的一种生产方式。敏捷制造以全球通信网络为基础，采用虚拟企业的组织形式，将生产企业生产所需的零部件与代理商、用户紧密地联系在一起，及时了解市场需求的变化，进行新产品的开发、设计和制造。产品变化越快，对零部件的配送要求也就越高，也就是说，如果没有高效率的配送，敏捷制造将是一句空话。

三、现代物流配送促进了零售业的发展

现代商品零售业的经营模式主要有百货店、超级市场、大型综合超市、专业店、专卖店、便利店、仓储超市、连锁店等。这些零售业的经营模式的形成与发展，是生产制造业的发展和消费的不断变化共同作用的结果，中间环节的物流业、特别是现代物流配送发挥了重要的促进作用。

"个性化消费"是消费变化的主流，消费个性化推动商品生产朝着多品种、小批量生产方向发展，同时也促使商品流通必须不断更新服务方式，增加服务功能，从而形成了零售业的多种经营模式，满足了不同消费者个性化消费的需要。当今，零售业发展中最具代表性的经营模式是连锁店，包括连锁超市、连锁专业店、连锁方便店、连锁仓储超市等。

小资料

连 锁 店

连锁店实际是某种零售业经营模式的联合体，目的是追求规模效益。实现连锁的重要条件之一是商品的合理配送，做到商品的合理配送，不仅能按时、按质、按量把商品送到零售点上，而且通过在配送中心的流通加工、分割、包装、贴标签等作业，更方便消费者购买，还能给消费者提供购买所需要的信息，更好地满足消费者的个性化需求，从而促进了商品的销售。

知识检验

一、单项选择题

1. 以下哪项不属于物流系统划分的三大效用。(　　)

A. 空间效用　　B. 时间效用　　C. 立体效用　　D. 形质效用

2. (　　)配送运输是以托盘为基本单位，把不同尺寸大小的货物统一起来，使同一托盘在运输、储存、装卸、搬动等过程中连续使用，不须更换，以提高物流效率，降低物流成本。

A. 一贯托盘化　　B. 一贯集装箱化　　C. 一贯火车化　　D. 一贯货车化

3. (　　)配送运输也称全程联运，是以某一包装单元（托盘或集装箱）作为运输单元，通过多式联运方式，将货物从起点一票到底，运送到最终目的地的配送运输形式。

A. 门到站　　B. 门到门　　C. 门到桌　　D. 门到场

4. (　　)，主要是指数字交换技术（EDI）、地理信息系统（GIS）和全球定位系统（GPS）在货物运输和配送中的应用。

A. 智能化配送运输　　B. 准时制生产方式　　C. 精细生产　　D. 连锁仓储超市

二、判断题

1. 通过配送路线优化，使配送行程增加，节约运力，降低物流的运输成本。(　　)

2. 准时制生产方式，即以订单为基础的一种生产方式。这种生产方式生产的品种多、批量小，其目的是减少浪费，特别是由于库存造成的浪费。(　　)

3. 精细生产是指为了适应市场的变化和用户的不同要求而做出快速、灵敏和有效反应的一种生产方式。(　　)

4. 当今，零售业中发展最具代表性的经营模式是连锁店，包括连锁超市、连锁专业店、连锁方便店、连锁仓储超市等。(　　)

三、简答题

1. 物流配送在物流系统中的地位和作用是什么？

2. 海尔集团依靠物流技术和计算机信息管理的支持实现什么同步流程？并在采购配送、销售配送中取得怎样的成绩？

课题二　电子商务环境下的生产企业物流管理及物流配送案例

生产企业物流从企业的生产经营管理的角度出发研究与之有关的物流活动，这是一个具体的、微观的物流活动的典型领域。生产企业物流围绕着企业组织商品生产的活动，包括从原材料和零部件的采购、进行生产的过程直到所生产的商品销售出厂以及售后服务的一切物流活动。

一、生产企业物流的内容

对生产企业物流的进一步研究又可以将之细分为采购物流、厂内物流、销售物流、退货物流和废弃物回收物流等物流活动。

1. 采购物流

将为生产所需而从供应商处采购的原材料、零部件从供应商处运回厂内；采购物流还包括从销售点回收或采购产品包装用的容器以及可以重复使用的材料的回收物流。

2. 厂内物流

将所采购的原材料和零部件等放入仓库并加以妥善保管，在生产需要时及时出库送到生产现场；将工厂生产的商品运到物流中心、厂内或其他工厂的仓库入库；物流中心和工厂的仓库对商品进行必要的运输包装和流通加工等。

3. 销售物流

将生产的商品从工厂、物流中心或外单位的仓库送到批发商、零售商或消费者的手中的运输或配送，包括将生产的商品送到外单位仓库的运输和配送。

4. 退货物流

对已采购但验收不合格的原材料和零部件的退货，以及与已售出的商品的退货有关的运输、验收和保管的物流活动。

5. 废弃物与回收物流

工厂在生产过程中有关的废弃包装容器和材料、生产过程中产生的其他废弃物的运输、验收、保管和出库，以及企业对在生产过程中排放的无用物包括有害物质进行运输、装卸、处理等物流活动。

二、生产企业物流活动分析

生产企业的物流活动包括了从原材料采购到产品销售等各个物流过程，其中，生产物流是主要的过程。而在各个不同的物流活动过程中，其要点也是不同的，具体分析如下：

1. 企业采购物流

采购物流位于生产企业生产活动的开始，但是其作用的好坏将影响到整个生产活动的结果。采购物流活动对企业生产的正常、高效运行有着重大作用，其目标不仅仅是保证企业生产的原材料供应，而且还必须考虑以最低的成本和最少的消耗，以及最大的供应保证性来组织企业的供应物流活动。企业采购物流所研究的主要问题包括企业生产的供应网络、供应方式和零库存（Just in Time）问题等。企业竞争的关键在于如何最大限度地降低企业供应物流过程的成本，可以认为这是企业物流的最大难点，因此，企业的采购物流十分重要。

2. 企业内部物流

> **知识卡**
>
> 采购物流要保证本企业生产的连续性和正常的节奏，对生产所需要的原材料、零部件、燃料辅助材料等进行组织和供应。

企业内部物流又可称为企业生产物流，它是企业生产活动的中心环节，是贯穿在企业的整个生产过程中的物流活动，实际上是生产过程的一部分，也称为厂内物流。企业生产物流将企业生产的全过程作为一个整体加以研究，在很大程度上降低了生产过程中物流活动与实际加工所占用的时间比，从而可以大大缩短企业产品的生产周期，提高了生产效率。

3. 企业销售物流

> **知识卡**
>
> 企业生产物流的过程是从原料、零部件、燃料及其他辅助材料从企业的仓库或企业的“门口”开始，被认为是进入到生产线的开始端，然后经过一个个的生产加工环节，并且本身被加工，同时产生一些废料、余料，直到生产加工的终结，到达产成品仓库，才算完成了企业生产物流的全过程。

销售物流是企业为了保证本企业的经营效益所进行的销售活动，即将企业所生产的产品所有权转给用户的物流活动。在市场经济中，市场已经是一个完全的买方市场，因此，企业销售物流活动十分强调以完善的服务来千方百计地满足买方的需求，以最终实现销售成功为目的。在这种情况下，销售活动往往是以将产品送达用户并经过售后服务才算终止。因此，企业销售物流的活动所涉及的空间范围很大，这也是销售物流的难度之所在。企业销售物流的特点是通过产品的包装、送货、配送等一系列物流活动来实现销售，因此，企业销售物流所研究的问题包括产品的送货方式、包装形式、运输的最佳路线等问题，同时还要注意并采取少批量、多批次、定时、定量进行配送等特殊的物流方式达到目的。由此可见，企业销售物流的研究领域是很宽的。

4. 企业退货物流

企业在采购以后的入库验货不合格向供应商退货，或者企业生产的商品在销售后因为各种原因而被退货是不可避免的。企业的退货物流活动开展得好坏，一方面将直接影响企业的经济利益，另一方面，将影响企业在自己的客户群中的信任度。

5. 企业废弃物与回收物流

在一个企业中，产品的生产加工过程所产生的余料和废料是不可避免的，如果对上述回收物品处理不当，往往会影响企业的整个生产环境，例如要占用企业很大的场地和空间，造成浪费和不便，更严重的甚至会造成企业产品的质量问题，影响产品的销售。另外，许多生产企业在进行商品生产的过程中会产生各种无用甚至有害的物质，对这些物质处置得妥当与否将直接影响企业的正常生产，甚至会影响企业的生存和社会的环境。因此，妥当处置企业废弃物物流对企业来讲也是至关重要的。

知识检验

一、单项选择题

1. 在生产企业物流中将所采购的原材料和零部件等放入仓库并加以妥善保管，在生产需要时及时出库送到生产现场，属于（　　）。

A. 采购物流　　B. 厂内物流　　C. 销售物流　　D. 退货物流

2. （　　）将为生产所需而从供应商处采购的原材料、零部件从供应商处运回厂内。

A. 采购物流　　B. 厂内物流　　C. 销售物流　　D. 退货物流

3. （　　）是企业为了保证本企业的经营效益所进行的销售活动，即将企业所生产的产品所有权转给用户的物流活动。

A. 采购物流　　B. 厂内物流　　C. 销售物流　　D. 退货物流

4. （　　）指对已采购但验收不合格的原材料和零部件的退货，以及已售出的商品的退货有关的运输、验收和保管和物流活动。

A. 采购物流　　B. 厂内物流　　C. 销售物流　　D. 退货物流

二、判断题

1. 采购物流位于生产企业生产活动的开始，但是其作用的好坏将影响到整个生产活动的结果。(　　)

2. 企业的退货物流活动开展的好坏，一方面将直接影响企业的经济利益，另一方面，将影响企业在自己的客户群中的信任度。(　　)

3. 销售物流指对已采购但验收不合格的原材料和零部件的退货，以及已售出的商品的退货有关的运输、验收和保管的物流活动。(　　)

4. 处置企业废弃物物流对企业来讲也是无关紧要的。(　　)

三、简答题

1. 如何理解生产企业物流中的企业废物与回收物流?

2. 对生产企业物流的进一步研究又可以将之细分为哪些物流活动?

课题三　电子商务环境下的商业企业物流管理及物流配送案例

生产企业所进行的主要是商品的生产，虽然生产企业的物流也包含了销售物流的内容，而且在市场经济下生产企业也对本企业生产的商品进行销售，在电子商务环境下也通过网络营销对商品进行网上销售，但是社会商品的流通主要还是由商业企业来完成。商业企业的物流活动围绕企业所经营的商品的进、销、调、存、退进行，包括从采购所经营的商品、通过营销策划出售商品满足消费者的需求、到商品的售后服务等一切物流活动。

一、商业企业物流的内容

商业企业的物流活动具体地包括商品采购物流、企业内部物流、销售物流和商品退货物流。

1. 商业企业采购物流

采购物流将本企业所经营的商品以及销售商品所需的其他物品从生产厂家或其他商品据点运回公司，其中商业企业采购的商品有时由商品的生产厂商或配送中心负责运输。当商品运到时，企业的有关人员需要对所采购的商品进行验收，合格的商品入库，不合格的则需要组织退货。

2. 商业企业内部物流

商业企业的内部物流包括商品出库运输到本店的销售现场上柜或各分店及连锁店进行销售，以及从本店向其他商业企业的调拨运输。另外，企业的内部物流还包括对库存的商品进行合理的保管，以及对采购来的商品进行必要的拆包、分档和再包装等加工。

3. 商业企业的销售物流

商业企业的销售物流活动包括通过零售、批发以及配送将商品发送到消费者或购货单位手中。

4. 商业企业的退货物流

商业企业的退货物流包括在采购的商品进货验收时发现的商品不合格以及在商品销售后客户发现所购商品的质量问题所发生的退货，退货商品由商业企业暂存并运到生产厂家或其他的进货点。

二、商业企业物流活动分析

商业企业在商品经营中的物流活动包括商品的进、销、调、存、退各个不同的阶段，其物流活动的重点和目的也各不相同。

1. 商品采购物流

商业企业主要完成的是将商品从生产者到消费者之间的流通，商业企业在此过程中获取利润和效益。对于商业企业来讲，所销售商品的进货与销售之间的差价形成了企业经营的基本利润，因此，尽可能降低商品采购进货的成本及其相关的费用就会给企业带来更高的利润。

> **小资料**
>
> 做好商品采购物流既可以保证商店正常销售的商品不脱销，又能够使企业的商品库存有一个尽可能低的安全库存量，从而减少企业的库存资金，增加流动资金，使企业能够获得更大的经济效益。

2. 企业内部物流

商业企业内部物流的主要作用是保证商品的正常销售，包括将商品及时送到销售现场，保证商品的持续上柜以避免脱销并造成不良影响；加强对库存商品的合理保管，以降低或避免因管理不善造成商品损坏、变质等损失。因此，做好企业内部物流可以大大降低企业经营的费用，对企业是十分重要的。

3. 企业销售物流

商业企业的重点是进行商品的销售，企业通过零售、批发等各种销售方式完成商品的出售，并以销售物流活动将客户购买的商品送到客户的手中。销售物流使商品的交易活动得以完成，并通过良好的销售活动维系企业与客户的关系，做好为客户的售后服务。因此，销售物流对于商业企业的重要性是不言而喻的。

4. 退货物流

商业企业的商品采购活动在进货验收时，不可避免地会发生所采购的商品在品种、数量等方面与要求不符，以及质量方面的不合格等情况；另外，商店的商品在售出以后，也经常会发生客户因商品的质量问题而退货。企业的退货物流完成的则是向商品的采购据点的退货。做好退货物流，一方面，可以减少企业的采购成本；另一方面，可以提高企业的服务信誉，这对企业也是相当重要的。

三、商业企业物流配送案例

美国沃尔玛公司的物流配送业务动作

沃尔玛公司是全美零售业务年销售收入居第一的著名企业，素以精确掌握市场、快速传递商品和最好地满足客户需要著称。之所以能取得如此辉煌的业绩，其中一个极为重要的因素就是沃尔玛拥有自己庞大的物流配送系统，并实施了严格有效的物流配送管理制度。这确保了公司在效率和规模成本方面的最大竞争优势，也保证了公司顺利地扩张。

1. 配送中心的设立

从建立沃尔玛折扣百货公司之初，公司就意识到有效的商品配送能保证公司达到最大销售量和最低成本的存货周转及费用的目的。而唯一使公司获得可靠供货保证及提高效率的途径就是建立自己的配送组织，包括送货车队和仓库。随着沃尔玛的成长，公司意识到配送中心的好处不仅是使公司可大量进货，而且通过要求供应商将商品集中大量送到配送中心，再由公司统一接收、检验、配货、送货，比让供应商将商品分散送至各分店更经济。于是在1969年，沃尔玛的第一个配送中心建成了，当时即可集中处理公司所销商品的40%，提高了公司大量采购商品的能力。

第二个配送中心始建于1975年，约1.4万m^2，它不承担仓储功能，只是一个转运站，统一接收供货方送来的大宗物，经检测、编配后转换到公司的送货卡车上。

到20世纪80年代末，沃尔玛的配送中心已增至16个；20世纪90年代初达到20个，总面积约160万m^2。整个公司销售8万种商品，85%的商品由这些配送中心供应。

2. 配送作业方式

在配送运作时，大宗商品通常经由铁路送达自己的配送中心，再由公司卡车送达商店。每店一周约收到1~3卡车货物。60%的卡车在返回自己配送中心途中又捎回从沿途供应商处购买的商品。这样的集中配送为公司节约了大量金钱，据统计，20世纪70年代初公司的配送成本只占销售额的2%，比一般大零售公司低了近一半。同时集中配送还为各分店提供了更快捷、更可靠的送货服务，并使公司能更好地控制存货。竞争对手却只有大约50%~65%的商品实行集中配送。

3. 配送中心的运行及管理

沃尔玛的配送中心运行完全实现了自动化。每个配送中心约10万m^2，相当于23个足球场，占地约6000万m^2。中心的货物从牙膏、卫生纸、玩具到电视、自行车等应有尽有。每种商品都有条形码，由十几公里长的传送带传送商品，用电脑追踪每件商品的储存位置及运送情况，每天能处理约20万箱的货物配送。

配送中心的一端是装货月台，可供30辆卡车同时装货；另一端是卸货月台，有135个车位。每个配送中心有600~800名员工24h连续作业，每天有160辆货车开进来卸货，150辆车装好货物开出。配送中心每年处理商品在配送中心停留的时间总计不超过48h。数亿次商品，99%的订单正确无误。

4. 自己配送组织的完善

沃尔玛公司为了更好地进行配送工作，非常注意从自己企业的配送组织上加以完善。其中一个重要的举措便是公司建立了自己的车队进行货物的配送，以保持灵活性和为一线商店提供最好的服务。例如，沃尔玛通常为每家分店的送货频率是每天一次，而其竞争对手凯玛特平均5天一次，塔吉特平均每3~4天一次；沃尔玛的商店通过电脑向总部订货，平均只要两天就可以到货。如果急需，则第二天即可到货，这一速度同业中无人可及。这使沃尔玛享有高于竞争对手的极大优势，货架总能保持充盈，并随时掌握到货时间，其运输成本也总是低于竞争对手。

可以说，配送业务管理的成功保证了沃尔玛公司从一个区域性连锁公司发展为全国性连锁公司，而且一直保持着低成本高效率，业绩不断增长，确保了公司的发展，是公司成功的一个重要“武器”。

知识检验

一、单项选择题

1. 商业企业的（　　）包括商品出库运输到本店的销售现场上柜或各分店及连锁店进行销售，以及从本店向其他商业企业的调拨运输。

A. 采购物流　　B. 内部物流　　C. 销售物流　　D. 退货物流

2. 商业企业的（　　）包括在采购的商品进货验收时发现的商品不合格、以及在商品销售后客户发现所购商品的质量问题所发生的退货，退货的商品由商业企业暂存并运到生产厂家或其他的进货点。

A. 采购物流　　B. 内部物流

C. 销售物流　　D. 退货物流

3. 商品采购一般分为首批采购和日常采购。首批采购是指对新上市产品进行的第一批采购，日常采购是指除首批采购外的其他采购行为。对于畅销产品的首批采购，确定合适的（　　）是至关重要的。

A. 采购量　　B. 采购价格

C. 物流量　　D. 资金量

4. 在商业企业物流中通过零售、批发以及配送将商品发送到消费者或购货单位手中，属于（　　）。

A. 采购物流　　B. 内部物流

C. 销售物流　　D. 退货物流

二、判断题

1. 商业企业的物流活动围绕企业所经营的商品的进、销、调、存、退进行，包括从采购所经营的商品、通过营销策划出售商品满足消费者的需求到商品的售后服务等一切物流活动。（　　）

2. 商业企业采购物流将本企业所经营的商品以及销售商品所需的其他物品从生产厂家或其他商品据点运回公司，其中商业企业采购的商品有时由商品的生产厂商或配送中心负责运输。（　　）

3. 商业企业在商品经营中的物流活动包括商品的进、销、调、存、退各个不同的阶段，其物流活动的重点和目的相同。（　　）

4. 商业企业的内部物流的主要作用是保证商品的非正常性销售。（　　）

三、简答题

1. 案例中连邦公司在“配发货”时，对代销产品、配货产品和订购产品在配送管理上有什么不同？

2. 商业企业的物流活动具体包括哪些？

课题四　技能训练

任务描述

某同学去淘宝网店购买一件商品，支付完毕后，跟踪商品的物流。

任务准备

老师示范搜索既定商品，完成支付宝支付，查询商品的物流。

任务目的

学生掌握网络购物和商品物流的查询。

任务实施

1）老师示范登录淘宝网，搜索既定商品，购买。

淘宝网
Taobao.com
上海伊美办公
得力(deli)9196 文件座/金属网材两联杂志盒/文件框/文件筐 黑色
价格 ¥33.60
立即购买
加入购物车
钻级卖家
上海伊美办公
看了又看

2）完成支付。

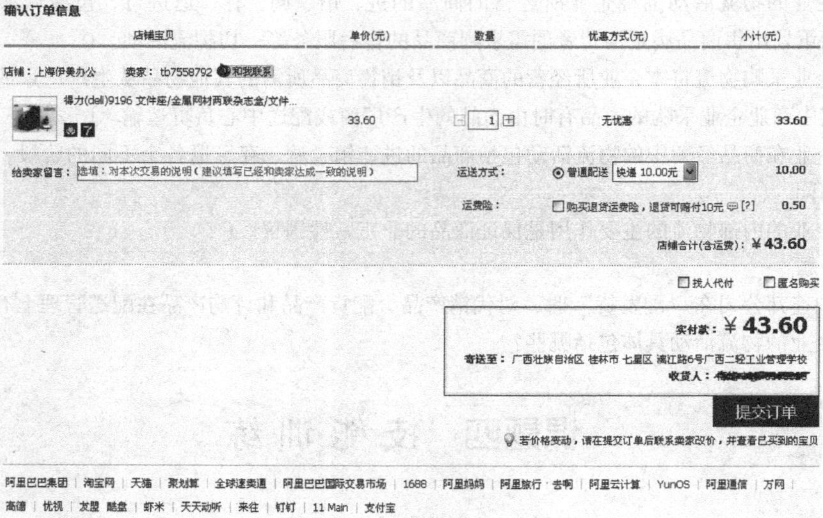
确认订单信息
店铺宝贝
单价(元)
数量
优惠方式(元)
小计(元)
店铺：上海伊美办公 卖家：tb7558792
得力(deli)9196 文件座/金属网材两联杂志盒/文件...
33.60
无优惠
33.60
运送方式：
10.00
运费险：
0.50
店铺合计(含运费)：¥43.60
实付款：¥43.60
寄送至：广西壮族自治区 桂林市 七星区 漓江路6号广西二轻工业管理学校
提交订单

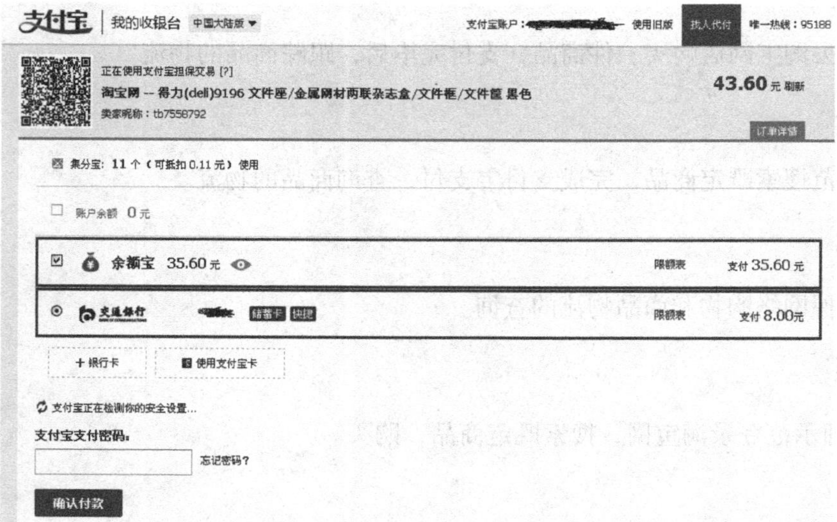
支付宝 我的收银台
支付宝账户：[redacted]
淘宝网 -- 得力(deli)9196 文件座/金属网材两联杂志盒/文件框/文件筐 黑色
卖家昵称：tb7558792
43.60 元
账户余额 0 元
余额宝 35.60 元
支付 35.60 元
交通银行 [redacted] 储蓄卡 快捷
支付 8.00元
支付宝支付密码：
确认付款

3）支付完毕后，跟踪商品的物流。

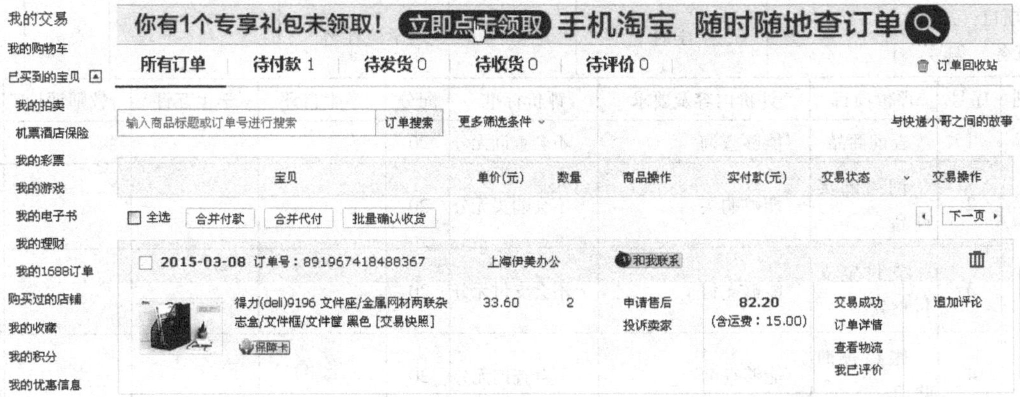

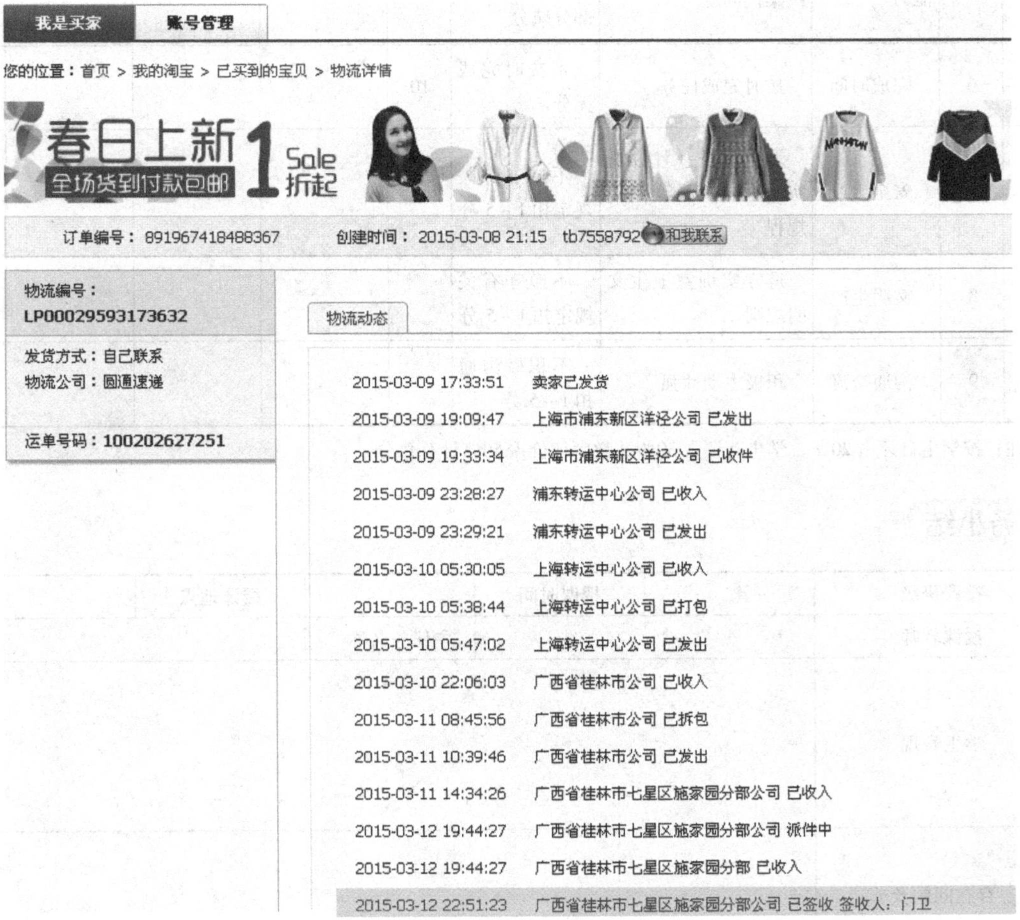

任务评价

项目（或任务）编号		学时		学生姓名		总分	

类别	序号	评价项目	评价内容及要求	评价标准	配分	学生自评	学生互评	教师评价	得分
岗位技能评价	1	查询商品	能够查询	不会查询无分	20				
	2	网络购买商品	能够购买	不会购买无分	20				
	3	支付宝支付货款	能够支付	不会支付无分	20				
	4	跟踪查询物流	能够查询	不会查询无分	20				
	5	运用知识能力	能够运用知识点解决案例问题	不会运用无分，会运用一部分减分	10				
	6	完成时间	按时完成任务	不按时完成无分	10				
职业素质评价	7	安全生产	遵守设备（计算机实训室）安全操作规程	不遵守有关规定扣1～5分					
	8	文明生产	遵守实训室卫生文明规则	不遵守有关规定扣1～5分					
	9	沟通交流	积极主动性强	不积极沟通扣1～5分					

注：按学生自评占20%、学生互评占30%、教师评价占50%计算总分。

任务小结

授课班级		授课时间		授课地点	
授课教师			任务名称		
学生表现					
存在问题及改进方法措施					

单元七　电子商务与第三方物流

知识目标

学习者通过学习第三方物流的基本知识和作用，掌握电子商务与第三方物流的关系，能够对我国第三方物流业现存的问题及其运作模式进行简单的分析。

课题一　第三方物流的基本概念

随着近年来电子商务的风起云涌，第三方物流也应运而生，成为物流产业的一枝新秀。第三方物流是在电子商务环境下，于传统物流的基础上衍生的，有着广阔的发展前景。

一、第三方物流的定义

第三方物流有广义和狭义两方面的定义。从广义上说，第三方物流是指物流劳务的供方、需方之外的第三方去完成物流服务的物流运作方式。第三方就是指提供物流交易双方的部分或全部物流功能的外部服务提供者。从狭义上说，第三方物流是指建立在现代电子信息技术基础上的，物流经营人在相对长期的时间内以约定的方式（契约或合同）向客户提供个性化的系列物流服务，企业之间是联盟关系。在某种意义上，可以说第三方物流是物流社会化、规模化、专业化的一种服务形式。这种物流服务形式是建立在现代电子信息技术基础上的，企业之间是联盟关系。物流企业和工商企业各自都能发挥自己最大的优势，把各自擅长的工作做得最好。而这个物流企业不是工商企业自己的，而是一个合作者，对于厂家和零售商而言，它是第三方，所以这种先进的物流方式就叫作第三方物流。

小资料

2001 年 8 月 1 日实施的国家标准《物流术语》中对第三方物流的定义是：第三方物流（Third_Party Logistics，TPL）是指由供方与需方以外的物流企业提供物流服务的业务模式。但该定义过于宽泛，使我们难以区别第三方物流与传统物流（如运输、仓储、货代等企业）之间的真正差异。

对于第三方物流概念的理解要把握以下几个含义：

1）第三方物流建立在现代电子信息技术基础上。

小资料

常用于支撑第三方物流的信息技术有：实现信息快速交换的 EDI 技术；实现资金快速支付的 EFT 技术；实现信息快速输入的条形码技术和实现网上交易的电子商务技术。

2）第三方物流是合同导向的一系列服务。

3）第三方物流是个性化的物流服务。

4）企业之间是联盟关系。

二、第三方物流的特点

依靠现代电子信息技术为支撑的第三方物流是电子商务的支点，其特征可归纳为信息化、自动化、网络化、智能化、柔性化。

1. 信息化

现代社会已经步入了信息时代，第三方物流的信息化表现为物流信息的商品化、物流信息收集的数据库化和代码化、物流信息处理的电子化和计算机化、物流信息传递的标准化和实时化以及物流信息存储的数字化等。信息化是企业物流的基础，没有物流的信息化，任何先进的技术装备都不可能用于物流领域。信息技术及计算机技术在物流中的应用将会彻底改变世界物流的面貌。

> **小资料**
>
> 数据库技术、电子订货系统（EOS）、电子数据交换（EDI）、快速反应（QR）、有效的顾客反应（ECR）等技术与观念在物流管理中将会得到普遍采用。

2. 自动化

在信息化的基础上，自动化的核心是机电一体化，自动化的外在表现是无人化，其效果是省力化。自动化设施的应用，可以扩大物流作业能力，提高劳动生产率，减少物流作业的差错。

> **小资料**
>
> 目前，已普遍使用的物流自动化设施有很多，如条形码/语音/射频自动识别系统、自动分拣系统、自动存取系统、自动导向车以及货物自动跟踪系统等。

3. 网络化

在信息化的基础上，第三方物流的网络化有两层含义：一是物流配送系统的计算机通信网络化，其中包括配送中心与供应商、制造商之间联网；配送中心与下游顾客之间联网。订货过程将会使用计算机通信方式，借助于增值网（VAN）上的EOS和EDI来自动实现；二是物流组织网络化，即将全球范围内各种制造资源、需求资源、供应资源和人力资源组织起来，得到充分的利用。

4. 智能化

这是自动化、信息化的一种高层次应用。物流作业过程涉及大量的运筹和决策，如库存水平的确定，运输、配送和搬运路径的选择，自动导向车的运行轨迹和作业控制，自动分拣机的运行，物流配送中心经营管理的决策支持等问题都需要借助于大量的知识才能解决，在物流的自动化进程中，物流的智能化是不可回避的技术难题。随着专家系统、机器人等相关技术在国际上的推广普及，智能化必将成为现代物流的一种发展趋势。

5. 柔性化

20世纪90年代，国际生产领域纷纷推出柔性制造系统（FMS）、计算机集成制造系统（CIMS）、制造资源系统（MRP-Ⅱ）以及供应链管理的概念和技术，这些概念和技术实质是要将生产、流通进行集成，根据需求方的需求组织生产、安排物流活动。因此，柔性化的物流正是适应生产、流通与消费的需求而表现出来的一种发展趋势。这就要求物流配送中心要根据消费需求“多品种、小批量、多批次、短周期”的特点，灵活组织和实施物流作业。

三、第三方物流的作用

1. 企业将物流业务外包给第三方物流的原因

要把资源集中在企业的核心竞争能力上，以便获取最大的投资回报。那些不属于核心能力的功能应被弱化或者外包。而物流通常不被大多数的制造企业和分销企业视为他们的核心能力，第三方物流公司就能很好地解决这一问题。第三方物流公司拥有一般企业所不具有的第三方灵活性，尤其对于那些业务量呈现季节性变化的公司来讲，外包物流对公司赢利的影响就更为明显。例如，对于一家季节性很强的大零售商来说，若要年复一年地在旺季聘用更多的物流和运输管理人员，到淡季再解雇他们是很困难和低效的。若和第三方物流结成伙伴关系，这家零售商就不必担心业务的季节性变化。

第三方物流企业所具有的优势：

（1）具有专业水平和相应的物流网络　通过专业化的发展，第三方物流公司已经开发了信息网络并且积累了针对不同物流市场的专业知识，包括运输、仓储和其他增值服务。许多关键信息，如卡车运量、国际通关文件、空运报价和其他信息等，通常是由第三方物流公司收集和处理。对于第三方物流公司来说，获得这些信息更为经济，因为他们的投资可以分摊到很多的客户头上。对于非物流专业公司来讲，获得这些专长的费用就会非常昂贵。

（2）拥有规模经济效益　由于拥有较强大的购买力和货物配载能力，一家第三方物流公司可以从运输公司或者其他物流服务商那里得到比他的客户更为低廉的运输报价，可以从运输商那里大批量购买运输能力，然后集中配载很多客户的货物，大幅度地降低单位运输成本。

（3）有助于减少资本投入　通过物流外包，制造企业可以降低因拥有运输设备、仓库和其他物流过程中所必需的投资，从而改善公司的赢利状况，把更多的资金投在公司的核心业务上。许多第三方物流公司在国内外都有良好的运输和分销网络，希望拓展国际市场或其他地区市场以寻求发展的公司，可以借助这些网络进入新的市场。

（4）资源优化配置　第三方物流企业还能使企业实现资源优化配置，将有限的人力、财力集中于核心业务，进行重点研究，发展基本技术，努力开发出新产品参与世界竞争；节省费用，减少资本积压，减少库存，提升企业形象；第三方物流提供者与顾客不是竞争对手，而是战略伙伴，他们为顾客着想，通过全球性的信息网络使顾客的供应链管理完全透明化，顾客随时可通过Internet了解供应链的情况。第三方物流提供者通过“量体裁衣”式的设计，制订出以顾客为导向、低成本高效率的物流方案，为企业在竞争中取胜创造有利条件。

小资料

第三方物流提供者是物流专家，他们利用完备的设施和训练有素的员工对整个供应链实现完全的控制，减少物流的复杂性；他们通过遍布全球的运送网络和服务提供者（含承包方）大大缩短了交货期，帮助顾客改进服务，树立自己的品牌形象。

（5）第三方物流公司信息技术优势　许多第三方物流公司与独立的软件供应商结盟或者开发了内部的信息系统，这使得他们能够最大限度地利用运输和分销网络，有效地进行货物追踪，进行电子交易，生成提高供应链管理效率所必需的报表和进行其他相关的增值服务。因为许多第三方物流已在信息技术方面进行了大量的投入，可以做到帮助他们的客户搞清楚哪种技术最有用处，如何实施，如何跟得上日新月异的物流管理技术发展。与合适的第三方物流公司合作可以使得企业以最低的投入充分享用更好的信息技术。

2. 妨碍企业物流业务外包的原因

1）企业担心对货物控制的潜在风险。

2）有些企业认为自营物流可以避免第三方赚取利润。

3）自己操作物流能保证自己的物流利益不与其他的企业共享而受损。

4）企业内部不同部门的目标不一致，产生对外包的抵制和阻力。如物流部门因威胁到自己的部门功能而反对外包，销售部门因担心服务水平的下降而反对外包等。

四、第三方物流的案例

现代第三方物流是一个新兴的行业，它不但能高效及时配送物资，而且能为企业节省成本。它到底能从哪些方面为企业节省资金产生效益？蛇口公司提供的两个业务实例，非常充分地说明了这一点。

案例1　第三方物流配送总费用低于销售收入的5%

一家生活日用化工用品的外资企业L在中国投产，需要配送服务。L与蛇口安达公司组成了新科安达后勤保障公司。新科安达成立后，为L提供从产品生产到销售网点的服务，现在已形成从原材料入库到成品分包，直到最终端的销售网点的一体化服务格局。对于L来说，真正实现了零库存。物流公司利用电脑网络传递信息，一般不超过24h。原材料通过陆运、空运、汽运等方式送到分发中心，产品生产出来后也送到分发中心。包装完毕后再根据指令分发到全国的终端用户。这就是从材料到分发中心再到配送环节的零库存模式。这种服务的结果使L整个的物流成本只占销售总额的5%。而世界范围内的统计结果表明，生产企业物流运送过程中的成本一般占总销售额的5%~35%。

案例2　第三方物流配送为流动资金节省了59.4%

香港H集团将其在珠江三角洲的超市配送业务交给了英国天白公司。随着业务拓展的需要，蛇口安达公司与H集团、天白公司一起组成了英国天白安达公司，为H超市提供深圳中央分发中心和珠江（广州）二级分发中心的物流服务。根据自定的指标，这样做的结果使H超市的服务水平、采购水平都有明显提高。送货频率增加1.54个百分点，准点率提高58%左右，车辆使用率也增加30%多，配货品种从1000多种上升到4000多种，货物周转由原来的6周下降到现在的2.5周，这就意味着企业的流动资金节省了59.4%。H超市在广东一年的销售额是4个亿，而物流公司为它做配送所收取的费用只有1000万元，仅占销售额的2.5%。

知识检验

一、单项选择题

1. 柔性制造系统简写为（　　）。

A. MRP-Ⅱ　　B. JIT　　C. FMS　　D. CIMS

2. 计算机集成制造系统简写为（　　）。

A. MRP-Ⅱ　　B. JIT　　C. FMS　　D. CIMS

3. 制造资源系统简写为（　　）。

A. MRP-Ⅱ　　B. JIT　　C. FMS　　D. CIMS

4. 第三方物流，简写为（　　），是指由供方与需方以外的物流企业提供物流服务的业务模式。

A. LPT　　B. TLP　　C. TPL　　D. PLT

二、判断题

1. 从狭义上说，第三方物流是指建立在现代电子信息技术基础上的，物流经营人在相对长期的时间内以约定的方式（契约或合同）向客户提供个性化的系列物流服务，企业之间是联盟关系。（　　）

2. 第三方物流是建立在现代电子信息技术基础上。（　　）

3. 第三方物流是大众化的物流服务。（　　）

4. 柔性化的物流正是适应生产、流通与消费的需求而表现出来的一种发展趋势。这就要求物流配送中心要根据消费需求“少品种、大批量、多批次、长周期”的特点，灵活组织和实施物流作业。（　　）

三、简答题

1. 企业将物流业务外包给第三方物流的原因以及妨碍企业物流业务外包的原因各是什么？

2. 案例中蛇口安达公司举了什么业务实例？说明了什么？

课题二　电子商务与第三方物流的关系

一、第三方物流是电子商务的重要组成部分

对于电子商务的定义，时至今日也没有最终的标准定论。有一类定义，主要是由美国IT厂商提出的，可以归纳为：电子商务是一种商务活动的新形式，它通过采用现代信息技术手段，以数字化通信网络和计算机装置替代传统交易过程中纸介质信息载体的存储、传递、统计、发布等环节，从而实现商品和服务交易以及交易管理等活动的全过程无纸化，并达到高效率、低成本、数字化、网络化、全球化等目的。

小资料

由于IT企业业务范围的限制，IT厂商往往把电子商务定位于“无纸贸易”。在这类电子商务的定义中，电子化工具主要是指计算机和网络通信技术；电子化对象主要是针对信息流、商流和资金流，并没有提到物流。

1）电子商务是实施整个贸易活动的电子化。

2）电子商务是一组电子工具在商务活动中的应用。

3）电子商务是电子化的购物市场。

4）电子商务是从售前到售后支持的各个环节实现电子化、自动化。

知识卡

从根本上来说，物流电子化应是电子商务概念的组成部分，缺少了现代化的物流过程，特别是缺少第三方物流的过程，电子商务过程就不完整。

在这类电子商务定义中，电子化的对象是整个的交易过程，不仅包括信息流、商流、资金流，而且还包括物流；电子化的工具也不仅仅指计算机和网络通信技术，还包括叉车、自动导向车、机械手臂等自动化工具。

二、第三方物流是实现电子商务的基础保证

电子商务是以卫星通信、光纤通信等通信手段和技术为基础建立的由窄带向宽带过渡的国际互联网以及未来的全球信息高速公路通信系统，是以先进的计算机等电子网络设备和软件包括商业智能系统为基本手段而从事的电子化商业活动。其主要功能包括网上的商业信息收集、广告、订货、付款、客户服务和货物递交等销售、售前和售后服务，以及市场调查分析、财务核计及生产安排等所有利用计算机、国际互联网等先进的电子网络系统开发的商业活动。电子商务是20世纪信息化、网络化的产物，将成为未来知识经济或者网络经济的主体。电子商务通过快捷、高效的信息处理手段再造传统产业，但仍如传统商务过程一样，电子商务中的每一笔交易，都包含着以下几种基本过程，即信息流、商流、资金流和物流，在解决了信息流（信息交换）、商流（所有权转移）、资金流（支付）等问题后，最后必须解决物流（实时投递）的问题，物流问题的最后解决，标志着电子商务过程的结束，因此物流及第三方物流问题的顺利解决将成为成功的电子商务的基础保证，相反，物流及第三方物流也可能是电子商务的最大的瓶颈。

物流的广义概念是物质在时间和空间上的流动，当商品购买者选取了商品并付款完成了整个购买过程（商流）之后，商品的所有权完成了转移，剩下的工作就是顾客或者商店选择适当的交通工具和合适的时间完成商品的投递过程（物流）。物流的概念起源于二战期间的美国军界，迄今为止已有80多年的历史，通过利用各种机械化、自动化工具及计算机和网络通信设备，美国的物流管理技术早已十分完善。正是这种物流管理技术发展的需要，产生了电子商务，以简化商务过程，加快物流的速度，提高物资的利用率。所以说，物流及第三方物流的发展是电子商务产生的基础条件之一，这也符合传统的需求产生企业的企业产生理论。换句话说，电子商务的产生是以强大的现代化物流及第三方物流作为支持的，是电子商务与现代化第三方物流的自然对接，并非电子商务过程不需要第三方物流。

小资料

信息流既包括商品信息的提供、促销行销、技术支持、售后服务等内容，也包括诸如询价单、报价单、付款通知单、转账通知单等商业贸易单证，还包括交易方的支付能力、支付信誉等。商流是指商品在购、销之间进行交易和商品所有权转移的运动过程，具体是指商品交易的一系列活动。资金流主要是指资金的转移过程。

电子商务中的任何一笔交易，都包含着几种基本的流形态，即信息流、商流、资金流、物流。在电子商务环境下，信息流、商流、资金流的处理都可以通过计算机和网络通信设备实现。其中物流，作为四流中最为特殊的一种，是指物质实体（商务事件）的时间和空间转移过程，具体指运输、储存、配送、装卸、保管、物流信息管理等各种活动。对于少数商品和服务来说，可以直接通过网络传输的方式进行配送，如各种电子出版物、信息咨询服务、信息软件等。而对于大多数商品和服务来说物流仍要经由物理方式传输，但由于一系列机械化、自动化工具的应用，准确、及时的物流信息对物流过程的监控，将使物流的流动速度加快、准确率提高，能有效地减少库存，缩短生产周期。因此，在电子商务的研究中，必须研究信息流、商流、资金流和物流的有机整合，其中，物流的作用和地位往往被削弱或者忽视。

电子商务的最终目的还是商品的流通，社会生产是商品流通的基础，生产的进行过程实际上是各种物资和服务的物流过程。从原材料的采购到生产的组织，从产品的销售到资源回收，从本质上讲，就是从采购物流到生产物流、从销售物流到回收物流以及废弃物流。生产组织者通过选择合适的物流系统，可以降低生产成本、优化库存结构、减少资金占压、缩短生产周期，保障了现代化生产的高效进行。

在电子商务过程中，商务事件的终结必定以物流过程为标志。在商务过程中，商品所有权的转移并不一定意味着商品实体因此而发生转移。在电子商务环境下，消费者通过上网点击购物、付款，完成了商品所有权的交割过程，即商流过程。但电子商务的活动并未结束，只有商品和服务真正转移到消费者手中，商务活动才宣告终结。在这个交易过程中，物流及第三方物流实际上是以商流的后续者和服务者的姿态出现的，没有物流及第三方物流，商流活动将是一纸空文。商品的转移也就是物流及第三方物流过程的终结成为整个电子商务过程结束的标志。

小资料

在传统的交易过程中，除了非实物交割的期货交易和证券交易外，一般的商流都必须伴随相应的物流活动，即按照需方（购方）的需求将商品实体由供方（卖方）以适当的方式、途径向需方（购方）转移。

三、电子商务的发展推动了第三方物流的发展

电子商务的出现，使供应链的环节减少了，大量的商店将消失，代替它们的是按区域合理分布的现代化配送中心和现代化物流中心。而现代化配送中心和现代化物流中心的发展结果必然是第三方物流。

电子商务的出现，推动了产业的重组。产业重组的结果，实际上使社会上的产业主要由两类行业组成，一类是实业，包括制造业和物流业；一类是信息产业。在实业中，物流业的功能会逐渐强化。这是因为，在电子商务环境下，消费者在网上的虚拟商店购物，现实的商店和银行的功能将逐渐被弱化，而物流公司的任务会越来越重。用户通过网上的虚拟商店购物，并在网上支付，信息流和资金流的运作过程很快就能完成，剩下的工作就只有实物的物流处理了，物流中心成了所有企业和供应商对用户的唯一供应者，可见，物流中心的作用越来越突出，第三方物流也将得到长足的发展。

知识检验

一、单项选择题

1. 我们必须注意到这样一个事实：电子商务概念的提出首先是在（　　）。

A. 中国　　B. 美国　　C. 加拿大　　D. 英国

2. 电子商务中的每一笔交易，都包含着以下几种基本过程，即信息流、商流、资金流和（　　）。

A. 人口流动　　B. 机械流动　　C. 物理流动　　D. 物流

3. 电子商务的出现，推动了产业的重组。产业重组的结果，实际上使社会上的产业主要由两类行业组成，一类是实业，包括制造业和物流业；一类是（　　）。

A. 信息产业　　B. 运输业　　C. 电子商务　　D. 金融业

4. 现代化配送中心和现代化物流中心的发展结果必然是（　　）。

A. 运输业　　B. 轻工业　　C. 第三方物流　　D. 重工业

二、判断题

1. 不是任何一笔电子商务中的交易，都包含着这几种基本的流形态，即信息流、商流、资金流、物流。(　　)

2. 第三方物流是实现电子商务的基础保证。(　　)

3. 电子商务的发展制约了第三方物流的发展。(　　)

4. 电子商务的出现，使供应链的环节减少了，大量的商店将消失，代替它们的是按区域合理分布的现代化配送中心和现代化物流中心。而现代化配送中心和现代化物流中心的发展结果必然是第三方物流。(　　)

三、简答题

1. 有些专家在定义电子商务时，就注意将国外的定义与中国的现状相结合，扩大了美国原始电子商务定义的范围，其提出包括物流电子化过程的电子商务的概念是什么？

2. 电子商务和第三方物流有哪些关系？

课题三　我国现有第三方物流运作模式分析

一、电子商务第三方物流模式

当前电子商务环境下的第三方物流模式主要有：

1. 综合物流代理模式

综合物流代理，指的是由一家在物流综合管理经验、人才、技术、理念上均有一定优势的企业，对电子商务中供求双方的所有物流活动进行全权代理的业务活动。综合物流代理使电子商务的交易双方完全从烦琐的多方委托的物流业务中脱离出来，专心致力于电子市场的开拓和商务效率的提高。

作为第三方物流的综合物流代理，被视为是企业与其顾客和供应商相联系的纽带。来自顾客和有关顾客的信息，通过销售活动、预测及其他各种形式传遍整个企业，然后将这种信息提炼成具体的制造计划和采购计划。通过制造支持，被启动的增值存货流最终将制成品的所有权转移给顾客。于是，该过程被看成是具有相互关系的两种物流，即存货流和信息流。

小资料

在国外，许多专门从事第三方物流的著名企业，如日本的佐川急便，由于它们在物流管理、物流技术等方面的优势，早已成为物流业内著名的国际综合物流代理企业。

（1）存货流　物流的作业管理涉及材料和制成品的运输和储存。它始于从供应商那里运送材料和零部件，终止于将商品配送给顾客。

1）配送支持：在实物配送中，顾客是营销渠道的最终目的地。在这一渠道中产品的可得性是最关键的组成部分，因为物流代理商一般不保存存货，它必须依赖商品的可得性来承担市场的营销责任。

2）制造支持：制造物流的主要任务就是参与制订生产计划，并确保原材料、零部件和在制品存货的及时可得性。

3）采购支持：购买支持涉及购买和安排原材料、零部件或制成品存货从供应商到制造或装配工厂、仓库或零售商店的内部运输。购买支持所涉及的是确保在需要的时候和需要的地方所期望的各种材料的可得性。配送支持所涉及的则是外向的产品装运，采购支持所涉及的则是内向的材料获取、分拣和包装。

（2）信息流　信息流用于鉴别各种需求在一个物流系统内所处的具体位置，物流信息涉及两种主要类型的流动，即协调流和作业流。

1）协调流：协调具体表现在以下几个方面：战略目标、能力限制、存货配置、采购需求、存货需求、制造需求和预测等。协调的目标是要把制造商各种具体活动综合起来，以便于实现供应链的综合表现。只有实现高度的协同，才能避免无效作业和过度存货。

2）作业流：如何接收、处理和按需求装运存货，对物流作业做出具体指导，是信息需求的又一重大方面。物流作业上的信息需求用于管理订货、订货处理、配送作业、存货管理、运输和装运及购买六个基本作业。作业信息的目标是要提供履行配送支持、制造支持和采购支持所需的数据。

2. 配送中心模式

配送中心作为第三方物流的一种主要模式，它是以组织配送性销售或供应，执行实物配送为主要职能的物流型结点。

（1）配送中心的类型及功能　不同配送中心的具体形态不同，所需的作业流程也不尽相同，但所有的配送中心都有一个一般模式，如图 7-1 所示。

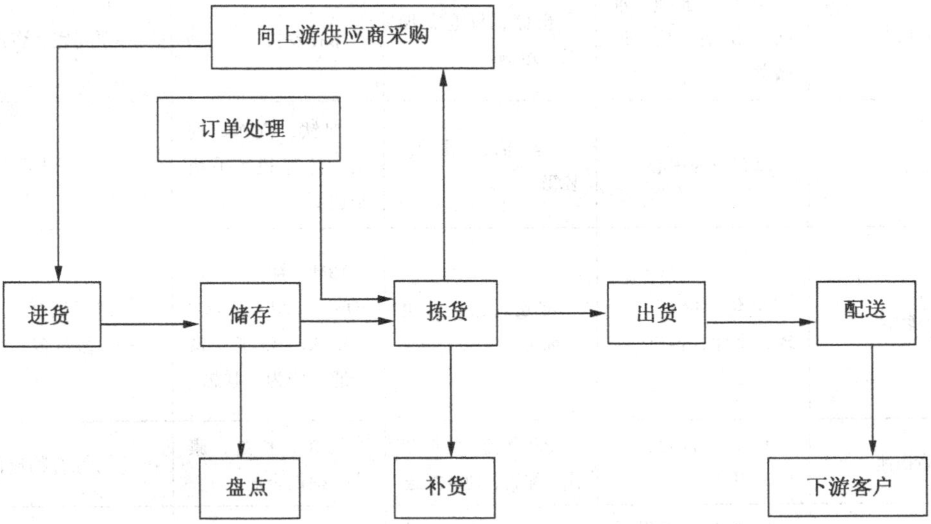

图 7-1　配送中心的作业流程

（2）配送中心的作业　配送中心的作业流程简介如下：

1）进货作业。对货品做实体上的接收，从货车上将其卸下，并核对该货品的数量及状态（数量检查、品质检查、开箱等），然后记录必要信息或录入计算机。

2）搬运。将不同散装、包装或整体之原材料、半成品或产成品，在平面垂直方向加以提起、放下或移动，可能是要运送，也可能是要重新摆置物料，而使货品能适时、适量移至适当位置或场所放置。在配送中心的每个作业环节都包含搬运。

3）储存。

4）盘点。

5）订单处理。

6）拣货。

7）补货。

8）出货。

9）配送作业。

3. 物流企业运作模式

随着物流在经济发展中的作用日益显现，制造业、商业等一些有规模、有实力的企业在发展物流经济的新领域中走在前面，并在其中取得了较好的经济利益。这些企业成功的物流运作模式值得推广。物流企业运作模式见表7-1。

表7-1 物流企业运作模式

企业名称	服务理念	经营领域	主要客户	运作模式
海尔物流	为订单而生产			三网同步
新科安达	新兴的网络、科技领先、安全、准点、服务令客户满意	运输、仓储、配送理货	卡夫、埃索、高露洁、强生	RDC
中外运	安全、迅速、准确、节省、方便、满意	仓储、订仓、加工、运输	摩托罗拉	一票到底、咨询式销售
中远物流	以客户为中心	运输、报关、装箱	钢铁、汽车、通信、计算机、手机制造商	一站式服务
中海物流	文化、价值、管理、个性、客户	配送、物流、电子商务	IBM、神达电脑、SONY、NEC、LG、NOKIA、宏基、富士通、华为、联想	横向四流合一、纵向多对一、多对多
中储物流	优质、高效、便捷、周到	全程物流、国际货代、配送、地区配送	海尔、长虹、康佳、钢铁企业	综合物流代理
UPS	重视为客户提供咨询服务	整合第三方物流（快递业务）		物流电子商务
沃尔玛	以客户为中心	连锁配送	连锁店	B-C
中国邮政	准时、快速	快递包裹		
华运通物流	力求与客户结成盟友	分拨配送	吉百利、飞利浦、美的、联合饼干、三菱、方正、清华同方、金帝、大长江集团	物流总代理

二、我国第三方物流业现存的问题

进入20世纪90年代后，由于物流热的持续升温，社会对物流业的重要性认识逐渐深刻，视其为“第三利润源泉”和新的利润增长点，在这种良好的氛围下，我国物流业及第三方物流得到了快速发展。但与欧美、日本等物流发达国家相比，我国目前的物流状况仍处于起步阶段，距离现代物流企业还有一定的差距，存在不少问题。在物流业及第三方物流的各个环节还有很多有待改进的地方，有待提高效率，在从原材料到生产制造再到市场销售，最后到用户的物流供应链中还有大量的产品、原材料、零部件的库存和积压等现象。在我国发展第三方物流业有许多问题亟待解决，主要包括：

1. 市场对专业化物流服务的需求不足

就总体而言，物流管理对大多数中国企业来说还是新概念，大而全、小而全的生产模式，使各单位形成自给自足的格局，同时也使物流市场呈现封闭状态。这是导致目前我国国内企业专业化物流服务需求不旺的重要原因。要打破这种局面，必须采取一些措施来激发专业物流服务需求。一方面要做广泛的宣传工作，强调专业物流的“双赢”特点；另一方面要提高运输企业的物流服务水平，努力降低成本，让生产企业乐于接受第三方物流服务。

2. 传统的经营形式、经营规模和物流设施不能适应新形势的需要

在经营形式上，传统运输企业应向提供以运输为本的多元服务型的第三方物流企业转变。第三方物流企业的核心是提供服务，因此传统运输企业首先应该提高物流战略观念，并提前做好物流网络的建设以及仓储设施、存货控制系统和相关配套设施的建设。在经营规模上，要因势利导，抓住机会，采取兼并或联合等形式，把分散弱小的众多运输企业联合起来，组建一批现代化大型物流企业，来面对可以预见的、将有较大发展的运输需求和物流服务需求。由于客观原因，我国的运输企业存在着规模小、结构雷同、设备陈旧、管理水平不高等问题，这些企业在激烈的市场竞争中会主动地或被动地联合起来，逐渐形成一批具有一定实力的大型骨干物流企业，来面对国外物流企业强有力的竞争，保证国内物流市场不被外国物流公司瓜分干净。在扩大企业规模的同时，必须加快改造物流服务设施的步伐，尽快使物流服务设施适应现代化物流企业的要求，达到可以同国外物流企业竞争的水平，同时积极学习国外物流公司先进的物流管理理念和管理办法。

3. 多式联运综合服务未得到合理利用

多式联运方式是最近一些年在国际上比较受重视的一种运输方式。在我国，运输企业正处于向物流企业转变的时期，应该借鉴国外的经验，合理组织货物的运输，充分利用各种运输手段的优势，形成整体优势，降低物流成本。当然，在我国发展多式联运还存在着一定的阻碍，其中最主要的是各式运输企业分别归属于不同的行政管理部门，要使它们协调一致是比较困难的。要消除这种阻碍，就必须建立一种新型的综合运输行政管理体制，以避免各行各业各自为政的弊端。这需要政府方面做大量的工作。多式联运可以缓解道路拥挤，节约能源，是环境保护的有效手段。因此，在我国发展第三方物流产业应该合理利用多式联运方式。

> 知识卡
>
> **多式联运**
>
> 《联合国国际货物多式联运公约》对国际多式联运所下的定义是：“按照多式联运合同，以至少两种不同的运输方式，由多式联运经营人把货物从一国境内接运货物的地点运至另一国境内指定交付货物的地点。”

4. 信息技术的应用不普及，未能与电子商务的发展紧密结合

现代物流的发展在很大程度上得益于信息技术在物流领域的广泛应用。在物流运作中，运用EDI和微机技术进行的运输车辆管理、订货管理、库存控制、配送中心管理及工厂和配送中心的选址分析等都是IT技术在物流中的具体运用形式。同时，在制造领域采用的CAD/CAM和CIM技术，使物流中材料管理的概念得以实现；在零售业中，POS技术的引入以及数据采集的条形码技术和扫描技术的出现，大大提高了物流信息的反应速度。IT提供了对物流中大量的、多变的数据进行快速、准确、及时的采集、分析和处理的功能，它大大地提高了信息反应速度，增强了供应链的透明度，从而提高了控制管理能力和客户服务水平，也提高了整个物流系统的效益。EDI将像当年集装箱、条形码一样成为进入国际市场的通行证。因此，在传统运输企业向现代物流企业转变的过程中，应加快信息技术的投入和使用，尽快满足现代物流服务的要求。电子商务的发展，迫切需要物流平台的有力支撑。从现在的理论和实践来看，电子商务对于商品交易的作用，是获得了广泛肯定的，电子商务已成为一种全新的进行商业交易的形式。随着Internet的广泛应用，网上购物已成为一种时尚，在发达国家已经非常普遍。在我国，发展电子商务也是大势所趋。然而，电子商务毕竟是“虚拟”的经济过程，最终的资源配置，还需要通过商品实体的转移来实现。因此，电子商务的发展非常依赖于物流业及第三方物流的发展，而电子商务的发展也必然带动物流业及第三方物流的发展，使物流业及第三方物流达到一个较高的水平。

小资料

在国外，对物流有一种新的叫法——电子物流，也就是说，现代意义下的物流只有在通信网络、信息技术支持下才能得以流动，没有信息网络的快速信息传递，物流系统是无法实现高效快捷的服务的。

5. 政府在现代物流发展中的宏观调控作用发挥不够

现代经济的发展，政府在其中的作用越来越重要。物流业及第三方物流作为一个新兴的产业，相关的政策、法规、行业标准等都在建立或完善，政府应该能够大有可为。在物流的发展中，政府也应像管理经济工作一样管理物流工作。首先，政府应做好物流的发展规划、建设和协调工作，统筹兼顾，合理布局，分期实施，逐步成网，应避免一窝蜂，造成不必要的浪费和失去机会。其次，政府应推动综合运输行政管理体制的改革进程，使各种运输方式协调发展，形成综合运输网，使货物通过各种运输方式合理运输，充分发挥综合运输的作用。第三，政府要研究制定促进物流发展的相关政策和法规，促进和引导物流业的健康发展。第四，对于目前我国物流专业人才十分缺乏的现状，政府要帮助解决物流人才的培养和教育问题。

三、我国第三方物流业运作模式分析

参照发达国家现今第三方物流的运作模式和发展方向，结合“入世”后我国第三方物流产业面对的挑战，采取基于互联网的综合物流代理运作模式，是电子商务环境下适应我国国情的第三方物流理想的解决方案。

1. 我国电子商务环境下经营综合物流代理的主要思路

我国电子商务环境下经营综合物流代理的主要思路是：不进行大规模的固定资产投入，

遵循低成本经营原则，将主要的物流服务工作委托他人处理，注意建立自己的客户营销队伍、物流管理网络和物流信息系统，提高自身的物流综合管理素质。实行特许代理制，将协作单位视为自己的战略伙伴，进一步可将其纳入自己的经营轨道。公司经营的核心在于综合物流代理业务的协调、组织、控制等管理工作，并且注重业务流程再造和组织创新。

2. 基于互联网的综合物流代理系统模式

基于互联网的综合物流代理，即通过公网建立综合物流代理的管理体系，如图7-2所示。

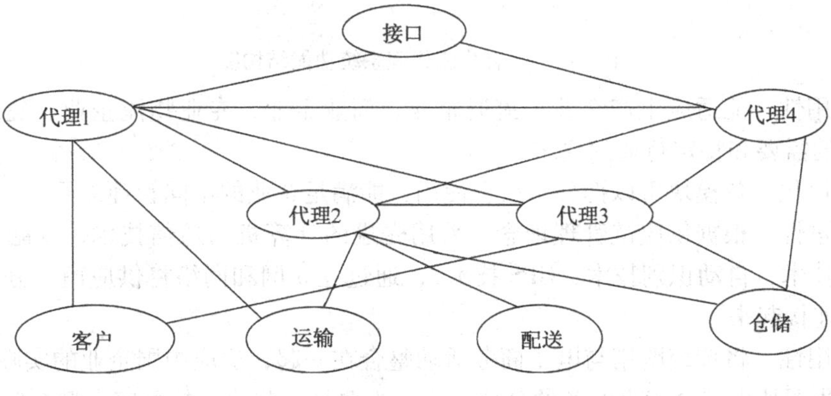

图7-2 综合物流代理图

该系统建立了一个基于互联网的电子市场（E-marketing），在这个虚拟市场中，主要产品是多种形式的物流服务，客户是在电子商务的交易市场与物流代理商以多对多的方式进行物流服务的交易活动。物流代理商作为系统中供应链的重要一环，根据物流一体化原则，对客户、运输企业、配送中心、仓储企业等进行统一的调配管理。

在图7-2中我们可以看到，供应链并不是一条线，供应链系统中有众多的供应商（物流代理商）、供应商的供应商（物流服务提供企业）和企业的客户，实际上组成了一个“供应网络”。物流代理商作为供应链中极为重要的中间环节，对其上下游企业进行统筹管理。对于其上游企业——专业化物流服务提供企业，物流代理商要与其建立长期战略伙伴关系，开展业务时把虚拟供应网络变成现实链接，为客户提供满意的物流服务。对于其下游企业——物流服务需求企业，物流代理商要建立“以顾客为中心”的营销理念，为其提供最有效的物流解决方案。

3. 运作模式具体功能设计

综合物流代理模式按角色可分为：客户、物流代理中心（业务）、库区、运输。

物流管理系统主要由仓储管理系统、运输管理系统、代理管理系统（调度系统）、客户管理系统、财务管理系统和系统管理等子系统构成。

图7-3是基于互联网的综合物流代理系统的功能结构。

从上图我们可以看出，基于互联网的综合物流代理系统的功能具有以下主要特点：

（1）集成化　系统将逻辑上相互关联的部分连接在一起，重复工作和多余数据被完全取消，流程被优化，集成化的业务处理取代了人工操作。

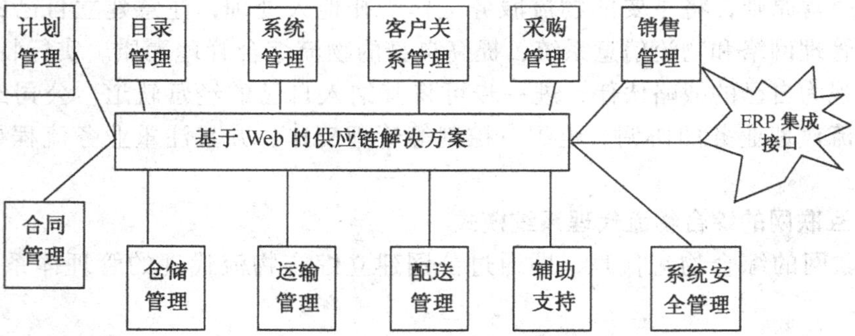

图 7-3　综合物流代理系统功能结构图

（2）通用性　能适应生产企业、流通企业、商业企业、专业物流企业、建筑施工企业等不同用户的需要和特定行业的要求。

（3）模块化　各模块可以拆分、组合使用，能满足企业的不同管理需要。

（4）先进性　根据供应链管理理念，采用先进的计算机与通信技术，并融合现代物流技术（编码技术，自动识别技术，GPS 技术），通过互联网和网络将供应商、分销商和客户按业务关系连接起来。

（5）实用性　将传统购销与电子商务活动整合在一起，适应中国企业的实际需要。

目前，我国从事综合代理业务的公司企业，主要是一些原来的国家大型仓储运输企业和中外合资、独资企业，如中国储运公司、中国对外贸易运输（集团）总公司、大通、敦豪、天地快运、EMS 等。最近几年，各公司的营业额均在亿元以上，营业范围涉及全国配送、国际物流服务、多式联运和邮件快递，这些公司在不同程度上都进行了综合物流代理运作的探索实践。尤其是一些与外方合资或合作的物流企业充分发挥了国外公司在物流管理经验、人才、技术，观念和理论上的优势，率先进行了物流代理运作，为我国第三方物流服务商推行综合物流代理服务提供了良好的范例。

知识检验

一、单项选择题

1. 信息流用于鉴别各种需求在一个物流系统内所处的具体位置，物流信息涉及两种主要类型的流动，即协调流和（　　）。

A. 商流　　B. 物流　　C. 作业流　　D. 资金流

2.（　　），指的是由一家在物流综合管理经验，人才、技术，理念上均有一定优势的企业，对电子商务中供求双方的所有物流活动进行全权代理的业务活动。

A. 综合物流代理　　B. 配送中心模式　　C. 物流企业运作模式　　D. 专业物流代理

3.（　　），它是以组织配送性销售或供应，执行实物配送为主要职能的物流型节点。

A. 综合物流代理　　B. 配送中心模式

C. 物流企业运作模式　　D. 专业物流代理

4. 随着物流在经济发展中的作用日益显现，制造业、商业等一些有规模、有实力的企业在发展物流经济的新领域中走在前面，并在其中取得了较好经济利益。这些企业成功的物流运作模式值得推广。如海尔物流的物流企业运作模式是（　　）。

A. 物流电子商务　　B. 一站式服务　　C. 咨询式销售　　D. 三网同步

二、判断题

1. 我国电子商务环境下经营综合物流代理的主要思路是：进行大规模的固定资产投入。遵循低成本经营原则，将主要的物流服务工作委托他人处理，注意建立自己的客户营销队伍，物流管理网络和物流信息系统，提高自身的物流综合管理素质。(　　)

2. 制造物流的主要任务就是参与制订主生产计划，并确保原材料、零部件和在制品存货的及时可得性。(　　)

3. 搬运是指对货品做实体上的接收，从货车上将其卸下，并核对该货品的数量及状态（数量检查、品质检查、开箱等），然后记录必要信息或录入计算机。(　　)

4. 综合物流代理模式按角色可分为：客户、物流代理中心（业务）、库区、运输。(　　)

三、简答题

1. 我国第三方物流业现在存在哪些问题?

2. 当前电子商务下的第三方物流模式主要有哪些?

单元八　物流业电子商务网站案例分析

知识目标

通过介绍建设物流业电子商务网站的目的和基本模块，对物流业电子商务网站的设计原则、设计要点、功能做一般性的了解。

课题一　物流业电子商务网站建设

物流业电子商务网站是指物流企业利用 Internet/Intranet 等计算机通信技术，在网上建立自己的网站，通过网站宣传产品和服务，与用户及其他企业建立实时互动的信息交换，达到生产、流通、交换、消费各环节的电子商务，最终实现企业经营管理全面信息化。

一、建设物流业电子商务网站的目的

1）树立企业形象，跟上时代潮流。

2）建立新型的商务管理模式，引领企业进入电子商务领域。

3）为企业客户提供更完善的服务。

4）加强企业与社会之间的信息联系。

5）改善内部管理，提高运营效率。

小资料

企业可以使用 Internet 专门为企业提供的电子商务系统进行网上交易，包括询价、还盘、确认、签合同，甚至货币支付、报税、报关……

理论上讲，电子商务可以支持企业完成一切经营活动中的信息业务，也就是说，无论买家、卖家和中介机构，一切传统的商业文书交换和金融业务都可以通过 Internet 以“上网”（又称“在线”）方式完成。显然，电子商务是专门针对企业商务的系统，是企业上网需要获得的最重要的功能。

二、物流业电子商务网站的结构设计

网站设计包括的内容非常多，大体分三个方面：首先是纯网站本身的设计，如文字排版、图片制作、平面设计、三维立体设计、静态无声图文、动态有声影像等；其次是网站的延伸设计，包括网站的主题特征设计、智能交互、制作策划、形象包装、宣传营销等；第三，网站采用的网络、数据库等技术也是保证网站最终良好运行的关键。

1. Web 站点设计原则

在当前的 Internet 应用中，很多企业纷纷建立自己的网站，但由于对网站的认识还不够

深入，多数企业并不知道自己的网站能干什么，更不了解网站设计需要把握的规律，一些企业甚至只发一、两页内容也算是建了一个网站，而且其信息从不更新。其实，要设计一个有吸引力的网站，至少应该遵循如下一些基本原则：

（1）安全快速访问　足够的带宽是快速访问的保证。此外，有一个一天 24h、一年 365 天可以连续稳定工作的服务器也至关重要。网站管理员最头痛的就是服务器死机、病毒发作等问题，对于一些专用服务器，如 Sun、Apple 等，这类问题可能要少些。

（2）信息更新及时　网站信息必须经常更新。由于网站内容的结构一般都是树形结构，所有文章都包含在各级板块或栏目里。虽然您能做到经常更新网页，但每次更新的网页内容全都被放进了各级板块和栏目中，浏览者并不知道您更新了哪些东西，如果每次都让用户到板块或栏目中去找，恐怕不是一个好的方法。所以在这种情况下，一定要在首级主页中显示出最新更新的网页目录，以便于访问者浏览。

小资料

每次更新的网页内容尽量要在主页中进行提示，以便于访问者浏览。

（3）完善的检索能力　对于一个网站来说，如何合理地组织自己要发布的信息内容，以便让浏览者能够快速、准确地检索到要找的信息，这是一个网站内容组织是否成功的关键。

（4）网站的信息交互能力　只有当浏览者能够很方便地和信息发布者交流信息时，该网站的魅力才能充分体现出来。

（5）方便客户访问和购买

1）使购买方便。对于电子商务站点，购买方便原则看起来有些含糊和不明确，但是它确实是最重要的建议。您需要把自己放在顾客的立场上来测试您的设计，把那些可能阻碍用户成功购买的问题列举出来。例如，下面这些问题：

① 客户完成一次购买需要浏览多少页，进行多少次点击？

② 相对于第二次购买，客户首次访问需要填写多少信息？

③ 客户能直接在主页上完成快速购买吗？

④ 站点能为在完成交易之前推荐选项提供清楚的指示吗？

⑤ 站点如何与客户进行良好沟通？

⑥ 站点能确认客户的行为，并为客户所进行的购买行为提供清晰、简明的反馈吗？

⑦ 客户能在提交之前收集多个条目吗？

2）制造强烈的第一印象。电子商务站点必须为客户营造强烈的第一印象，这是您的企业与用户联系，并试图说服他们开始购买的重点。这里，提供企业的商标是第一位、也是最重要的事情。其次，为网上商店的种类或门类提供一个清楚的、形象的定义也很重要。这一切可以用制表符或在导航条中完成。

此外，在主页上突出特殊的商品以激发客户购买的欲望，罗列介绍企业产品的链接来提供更有帮助的信息，同样可以增加吸引力。

3）减少客户购买过程中的干扰信息，如广告等。可以考虑在您的主页和整个购买过程中不提供任何广告。记住主页的目的是鼓励购买、购物。

一旦顾客装满他们的购物车并想付账时，一定要排除干扰，清除阻挡顾客完成购物过程的所有无关按钮和导航元素。

> **小资料**
>
> 如里您想登广告，就把自己商品的特征以某种方式加到顾客的购物车上。最理想的是将那些商品与顾客的个人信息联系在一起，所以顾客更倾向于购买它们，并且他们可能认为在您的站点购物便利。

4）个性化。站点需要寻找一种方式，与您的顾客建立一种非常和谐的亲密关系。您可以在顾客作为一个购物者或成员注册后，为他们提供个性化的服务。使用某些信息在主页或不同部分的页面提供个性化的问候。

例如，当用户 Jane 进入虚拟购物环境时，可以作如下提示：

欢迎您，Jane，祝您购物愉快！

您还可以提供一个需要密码的私人空间，在那里每个顾客能检查过去的订单、订单状态、需求商品列表和赠品证书等。

5）避免冗长的说明。如果使用站点和进行购买的相关说明非常烦琐，那么应当重新设计，使其精炼。用户需要依靠最少的说明甚至不需要说明，就能完成快速购买。大多数顾客将不会阅读长篇说明，并会在一片迷惘中转身离开。

6）给位置提供可视化的线索。对于有几个不同部分的商店，重要的是创立一种不同位置的感觉。可以通过改变导航条或背景页的颜色，通过使用文本或图形提供不同的标题来实现。

http：//www. etoys. com 站点做了大量的工作，为每个部分提供可视化线索，每个部分的导航条颜色和背景颜色都不同。这是一个简单的可视化技巧，可以很容易添加到标准的网页设计中以保持统一，并且区别一个站点的不同部分。

7）显示商品。如有可能，为每个商品提供图片，增强视觉效果。以三个尺寸处理图片：极小的、中等的和大的。极小的图片最好用于几个商品的列表。对于单个商品，提供中等尺寸的图片，并能单击观看商品的放大图片。更大的图片是不必要的，但是，如果商品图片的细节需要突出反映出来，就值得考虑采用更大的图片。

关于商品的细节，您提供得越多越好。如果您关于商品的网页很长，要确保在信息正文的顶部和底部都提供选项，便于客户将商品添加到您的购物车中。

8）关注图片。一种使每个网页亮丽的方式是把所有用于普通文本的图片改变为直接用于 HTML，另一个方法是减少单个产品图片文件的大小。大多数产品目录是连续色调的，因此，商品图片应该被存为24位的 JPEG 图像。当存储 JPEG 文件时，请测试您的图片质量。例如，在 Photoshop 中，较低质量的设置将减小文件尺寸和视觉真实性，而图片质量可能仍然是令人满意的。又例如，您可以在一个网页上使用一个极小的图片代表一个部分，然后放大该图片作为背景。反之亦然，根据图片的高度和宽度属性，按照某一比例也能够缩小大图片，来创建一个极小的图片。

> **小资料**
>
> 电子商务站点的一个小规则是保持每个网页最大容量为35～50kb。另一个提示是，在不同的网页上重复使用相同的图片，以节省额外的下载时间，增加连贯性和美感。

9）激发购买的欲望。这可以用不同的方式实现。例如，当一个商品在主页中被提及，在它的旁边放上商品的图片、价格和其他细节，以及一个可直接购买它的链接；在新闻或特征文章中，直接包含文章中讨论的产品购买的链接；或者在设置其他公司广告的专栏中，为您的商品创建清楚的、集中的广告，并在广告中设置所介绍商品购买的直接链接。

10）在长项目列表中交替背景色。一个使长项目列表可读性更好的、更形象的窍门是在每行和项目交替使用明亮的背景色。如果您在 http：//www. barnesandnoble. com 站点检索作者名，您可以看到一个例子。查询结果返回灰白交替的项目背景色。

11）允许用户收集项目。提供一个购物车，帮助顾客在购买前存放商品。不要让顾客在一次交易中不止一次的填写冗长的付款、投递和其他表格。在商品级别上，提供一个链接进行付款；在继续购买时不断添加商品到购物车。

目前，一项很流行的存储特性叫作期望列表。这个特性与购物车类似，但是它不提供购买特性，而是作为您在购物时存储项目的地方。

2. Web 站点的设计要点

要将企业站点作为在 Internet 这个新媒体上展示企业形象、企业文化的信息空间，有明确目标、良好定位的 Web 站点设计是企业或机构发展战略的重要组成部分。对此，主管部门一定要给予足够的重视，明确设计站点的目的和用户需求，从而做出切实可行的计划。挑选与锤炼企业的关键信息，利用一个逻辑结构有序地组织起来，并开发一个页面设计原型，选择代表性用户来进行测试，然后逐步精炼这个原型，最终形成创意。

（1）系统设计流程　在系统设计阶段，主要的设计工作包括：

1）收集该站点的关键信息。包括站点的目标客户、要发布的内容、Web 服务器开发平台等。

2）概念开发。设计人员根据收集的信息开始构思。通常，设计人员要把这些构思用草图的形式呈现给顾客代表，这个草图要有整个网站的结构、不同的布局设计及导航。

3）内容综合。设计人员开始制作一些初始图样，这些图样用诸如 Photoshop 的应用程序来创建，然后，设计人员将图样打印出来，配上文字说明。

4）布局和导航。一旦客户同意了这些内容，设计人员开始编制 Web 页面，导航器也被编制到页面中，使客户第一次真正体验一下。

5）图形制作。如果客户同意了站点的外观和感受，设计人员将大量创作所需的图形并进行优化。简洁明快、独具特色、保持统一的网站风格能让用户产生深刻印象，不断前来访问。优秀的网页画面少不了漂亮的图像，但更主要的是布局效果。

6）内容流程。客户的书面材料利用各种网页技术（CSS、Java、Flash），有机地和相关的图形整合在一起。

7）测试。在站点被提交给客户之前，设计人员要全面测试每个 Web 页面和页面间的链接。利用清单，进行修补。只有精心设计的网站才经得起推敲，因为它经过认真细致的测试。测试实际上就是模拟用户访问网站的过程，发现问题改进设计。由于一般网站都是一些专业人员设计的，他们对计算机和网络有较深的理解，

> **知识卡**
>
> **网页布局的主要技术**
>
> 网页布局采用的主要技术是 HTML 的表格（Table）和框架（Frame）功能。

但要考虑到访问网站的大部分人只是使用计算机和网络，应切实满足他们的需要。所以有许多成功的经验表明，让对计算机不是很熟悉的人来参加网站的测试工作效果会非常好，这些人会提出许多专业人员没有顾及的问题或一些好的建议。

8）交付。一旦签收，客户要经常进行他们的测试，找出排版和内容方面的错误。做完了这些次要的修正后，正式启用站点。

这套完整的计划可以安排在一定时间内完成。当站点启用后，要进行跟踪调查，以确定人们如何使用站点。经过一段时间的试运行之后，收集数据，开始重新设计，将这个Web设计过程再进行一遍。

(2) 深入研究访问者　某些网站的效果不如预想的好，主要原因是对用户的需求理解有偏差，缺少用户的检验。设计者常常将企业的市场营销和商业目标放在首位，而对用户和潜在的用户的真正需求了解不多。设计人员应深入了解本网站用户群体的详细情况，如受教育程度、收入水平、想要信息的范围及程度等，做到有的放矢。

用户从始至终都应是您规划设计网站时的关键，在系统设计阶段，设计人员重点应考虑如下因素：

1）用户使用什么样的浏览器：是IE，还是Netscape？

2）用户想要什么：下载免费软件？新闻与信息？娱乐？或只要与您产品有关的信息？

3）用户希望什么样的多媒体效果：高品质的图像？高品质的音乐效果或只要一般的文字？

4）用户使用什么样的网络连接？

5）用户要花多少时间在您的网站上？

6）用户对Internet的熟悉程度如何？

7）用户的文化背景如何？

(3) 网站的构思创意　在明确目标的基础上，使网站设计主题鲜明、富有特色，完成网站的构思创意，是建立好站点的另一个关键环节。

针对所服务的对象（机构或人）不同，Web站点应具有不同的形式。有些站点只提供简洁的文本信息；有些则采用多媒体表现手法，提供华丽的图像、闪烁的灯光、复杂的页面布置，甚至可以下载声音和录像片段。最好的Web站点将图形、图像表现手法与有效的组织与通信结合起来，做到主题鲜明突出，力求简洁，要点明确，以简单明确的语言和画面告诉访问者站点的主题，吸引对本站点有需求的人的视线，对无关的人员也能留下一定的印象。对于一些行业标志和公司的标志应充分加以利用，调动一切手段充分表现网站的个性和情趣，突出个性，办出网站的特色。

(4) 网站初步设计　创建新网站的最佳方法是首先建立原型系统，再进行详细设计，最后正式实施。原型系统最主要的目标是学习、尝试采用不同的方法实现目标、修改内容和更新形象。原型系统开发过程中，要解决网站建设的一些基本问题（如网站的结构、新添文件与原有系统保持一致的措施、信息的组织与管理、存储信息的物理方法采用数据库还是文件系统），文档版本控制（如如何确保多个用户同时编辑同一个文件），结构的完整性和一致性的维护方法。这些问题没有绝对正确的答案，只能根据实际情况进行选择。

在网站初步设计过程中，基于网站结构，可以建立结构化蓝图。需要做一些图例，表示出如何在蓝图中表示在线连接、离线连接、页的成分、页与页的分组。您可能要区分执行不同功能或事务处理的部分、动态产生的部分、只由文本组成的页面。如果网站很大，可能要做几张蓝图，从简单的网站开始，利用蓝图把网站建得越来越好。此外，站点初步设计时还应考虑站点后期维护工作。

（5）网站详细设计　详细设计包括画面的布局、系统的内部结构、实现功能、维护方法等，这些对于以后的系统开发和投资估计都有着极其重要的意义。进行详细设计时，网站运行模式不同，如仅仅是宣传性站点或者随意性很强的站点，以及通过广告、销售等方式获利的站点，设计的方式和内容有着很大的区别。

> 知识卡
>
> **结构化蓝图**
>
> 结构化蓝图是网站结构的可视化表示，是显示网站中的元素如何分组和联系的图表。

3. Web 站点应该包括的基本模块

（1）站点结构图　站点结构图是一种有关站点结构、组织方式的示意图。各主要内容或题目的详细内容将被列在其下的副标题中。当访问者点击标题、题目或副标题时，相关的网页就会出现在屏幕当中。站点结构图还可以被视作是站点的分级结构图。以这种方式组织起来的信息可以使访问者迅速找到他所需要的信息所在位置。

> 小资料
>
> 站点结构图与导航栏的区别是：站点结构图可以也应该包括与导航栏类似的链接，供用户点击至相关网页，但它并不是一个单纯的导航工具，它的目的在于提供独立的、更详细的站点结构概况。

（2）导航栏　当用户访问网站时，他们怎样从一个地方到另一个地方？怎样防止他们走丢？定义网站的导航系统可以解决这些问题。导航系统出现在网站的每页上，使用户很方便地在不同部分之间跳转。如果可能，把全局导航的元素限制在 5 ~ 7 个之间。另一个方法是把网站的商标（公司标志）加入全局导航系统作为返回网站首页的链接。

局部导航可以有不同的形式。可以是主题的列表，如 Yahoo；可以是选项菜单的形式，如 Geo Cities 中的 Member Sarea；还可以是一些相关条目的列表。

每个 Web 站点都应该包括一组导航工具，它出现在此站点的每一个页面中。导航栏中的按钮应该包括主页、联系方式、反馈及其他一些用户感兴趣的内容，这些内容应该与站点结构图中的主要题目相关联。

设计导航栏应注意以下几点：

1）图表比单纯的文字效果更佳，但它必须能够清楚地体现出它所链接的内容。图表下应附有文字说明，以避免图像表达不清而引起的混淆。

2）无任何链接的内容不要做成按钮的形式。

3）使用常用颜色。避免在链接处使用特殊的颜色，应该使用标准、醒目的颜色。

4）屏幕上显示的页面所对应的按钮应该相应变成灰色，突出显示或以其他方式表示出来。

5）每个页面都应包括代表“返回”或“前进”的箭头。

（3）联系方式页面　创建可转到发送 E-mail 信息屏幕的链接。您的地址可以自动地出现在“收信人”栏中。这样，访问者在录入相关内容后，点击“发送”按钮，即可完成操作。

此页面还应包括其他联系方式，如通信地址及联系人、传真、电话号码等，在导航栏中应能很方便地找到这些信息。

（4）反馈表　利用反馈表，访问者可以随时提出信息需求，而不必记下电话号码再打电话联系。反馈表还为那些没有 E-mail 账号的用户提供了方便。有了反馈表，您每天只需接听少量的电话，您可以自己选择以寄邮件、E-mail 或打电话的方式与用户联系。

每一个反馈对您来说都是一个不断提高服务质量，以满足用户需求的机会。从反馈表中可以发现，在您的站点中哪些信息是重要的，哪些是无关紧要的。

您还可以考虑加设消息栏。用户可以在此发表一些评论，提出他们所关心的问题。这不仅可以使他们与您保持联系，也可以让他们互相之间进行交流。

（5）引人入胜的内容　在每页中都要包含相关的、引人入胜的内容。特别是当您要销售一种产品的时候，每个页面都要用详细的内容和图像来修饰一番。您的目的是为了吸引普通的用户，所以站点上所使用的语言也应该通俗易懂，对专业用语及技术术语进行诠释。将特别重要的内容用符号标记出来，但不要用得过多，以保持页面的简洁。不要把您的站点建成单纯的网上公司介绍。

（6）常见问题解答　创建常见问题解答可以避免重复回答相同的问题，以节省您和访问者的时间和精力，用户将对您站点上所提供的实用信息感到满意。如果将问题列于常见问题解答页面的上部，并将每个问题与答案链接在一起，会对您有很大的帮助。请确认在导航栏中包含有常见问题解答按钮。

（7）精美的图像　图像不应用得过多，要选择合适的、无须太多内存及下载时间的图像。

（8）搜索工具　用户可以在搜索工具中键入关键词语或词组，在点击查寻按钮后，本站点中与关键词相关的网页列表就会出现在屏幕中。注意要提供关于有效查寻的说明。

小资料

有两种保持图像大小的方法：您可以通过将图像保存为16色而不是256色来处理图像，也可以对每页的文字和图像进行限制，有时干脆为您的站点创建纯文本的版本。

（9）新闻页面　引导用户访问新信息有以下几种方法：

1）在最新的信息边，加注一个亮丽的小图标——“新！”。

2）为最新消息创建单独页面，并在一段时间后，将新闻放置于适当的目录下。

3）在主页或每个页面下加注一行文字，表明本站点或每个单独的页面最近一次被更新的时间。

（10）相关站点链接　好的网站通常都可以链接到其他站点，以提供更多相关信息。对每个链接都要做简要说明，并对它被链接的原因进行阐述。这些信息可以帮助访问者选择最适合其需求的站点。您需要对所链接站点作定期的访问，删除那些死站点，以免使访问者感到厌烦。每周维护一次就足够了，但要持之以恒。

小资料

企业网站一般还应具备网上调查的功能。通过网站上的在线调查表，可以获得用户的反馈信息，如产品调查、消费者行为调查、品牌形象调查等，是获得第一手市场资料有效的调查工具，可帮助企业进行正确的决策，开展合理的促销活动。

知识检验

一、单项选择题

1. 电子商务站点的一个小规则是保持每个网页最大容量为（　　）。

A. 35KB 以下　　B. 35～50KB　　C. 50～65KB　　D. 65KB 以上

2. （　　）是网站结构的可视化表示，它们是显示网站中的元素如何分组和联系的图表。

A. 动态图　　B. 静态图　　C. 结构化蓝图　　D. 交换图

3. 收集该站点的关键信息，不包括（　　）。

A. 目标结构图　　B. Web 服务器开发平台

C. 要发布的内容　　D. 站点的目标客户

4. 利用（　　），访问者可以随时提出信息需求，而不必记下电话号码来再打电话联系。

A. Web 服务器　　B. 因特网　　C. 电子签名　　D. 反馈表

二、判断题

1. 电子商务是未来经济发展的大趋势，目标是实现交易信息的网络化和电子化，如使用电子货币，开网上商店，进行网上商务谈判和使用电子签名签合同等等。（　　）

2. 每次更新的网页内容尽量要在主页中提示给浏览者，以便于访问者浏览。（　　）

3. 企业可以使用因特网专门为企业提供的电子商务系统进行网上交易，包括询价、还盘、确认、签合同，甚至货币支付、报税、报关。（　　）

4. 在明确目标的基础上，使网站设计主题模糊、富有特色，完成网站的构思创意，是建立好站点的另一个关键环节。（　　）

课题二　物流业网站案例分析

一、网上商城举例

我们先以“当当网上书店”（http：//www. dangdang. com）为例来看看网上商城是什么样子的。如图 8-1 所示，当当网上书店是一个在线销售图书和音像制品的站点。

从当当主页上看，它似乎只显示了各类图书和音像制品的信息。其实在显示的背后，还包含会员注册、商品订购、订单查询、售后服务等很多方面的内容。下面我们就从几个主要的方面来分析一下当当是如何做网上商城的。

1. 商品的显示

当当将其所售的商品采用多种形式显示出来，使得人们能从各个角度来了解图书和音像制品的最新消息。这些形式包括：

1）按商品性质分类显示：这是当当对商品最基本的分类，在当当主页的上方可以看见它分为图书、影视、音乐、游戏、软件等类。每一类又按内容分为若干小类。如主页左边的一栏中显示着影视类又分为卡通动画、连续剧、情感、武侠动作等。

2）打折和低价商品显示：打折和低价的商品往往是非常吸引人的。当当在主页上的很多位置都醒目地显示出各类打折商品。如左上角的五折商品、5 元店、10 元 VCD 及中间的大幅打折广告。

3）新商品显示：新商品的信息总会在第一时间显示出来。当当在主页中部的大片区域都用来展示其新推出的商品。

图 8-1　当当网主页

4）推荐商品显示：当当在主页的右边和下边也开辟了一些专门的区域用来显示精品。

5）热销商品显示：热销商品也是非常容易吸引客户的商品，比如流行音乐、新电视剧等。当当主页上对 VCD、电影、电视剧等都有排行榜的链接。

6）商品搜索显示：搜索是最便捷的信息获取方式，一个好的电子商务站点必须提供一个优秀的商品搜索，以便用户在无法确定信息的情况下能快速找到所需的商品。

通过这么多种显示方式，客户总能通过一种最为有效的方式来最快获得所需商品的信息，进而决定是否购买。

当当所提供的各种形式的商品显示，每一种都需要采用动态技术来完成，所以它们都离不开数据库这个最基本的东西。

2. 在当当上购物

当选好一种商品的时候，就可以开始订购该商品了。订购有很多步骤，一般都有放入购物车、结账（去收银台）、生成订单等，下面就看看在当当上是如何购物的。假如选中了一本名为《户外探险》的杂志，如图 8-2 所示，然后开始购买。

1）单击书名旁边的“购买”按钮，自动弹出购物车页面，如图 8-3 所示。购物车页面显示了您所购买的商品及其数量。您可以在这个页面中更改某个商品的数量或者删除该商品。

2）可以接着购买其他商品，如果不再买了，请单击“结算”按钮。这时会自动弹出用户登录页面，如图 8-4 所示。注意，对于用户登录很多站点都不一样，有的站点需要提前登录才能进入购买流程，有的站点只要登录一次就可在一个会话过程中随便购物，而当当对每一次单独的购物都需要重新登录。

图 8-2 选中商品

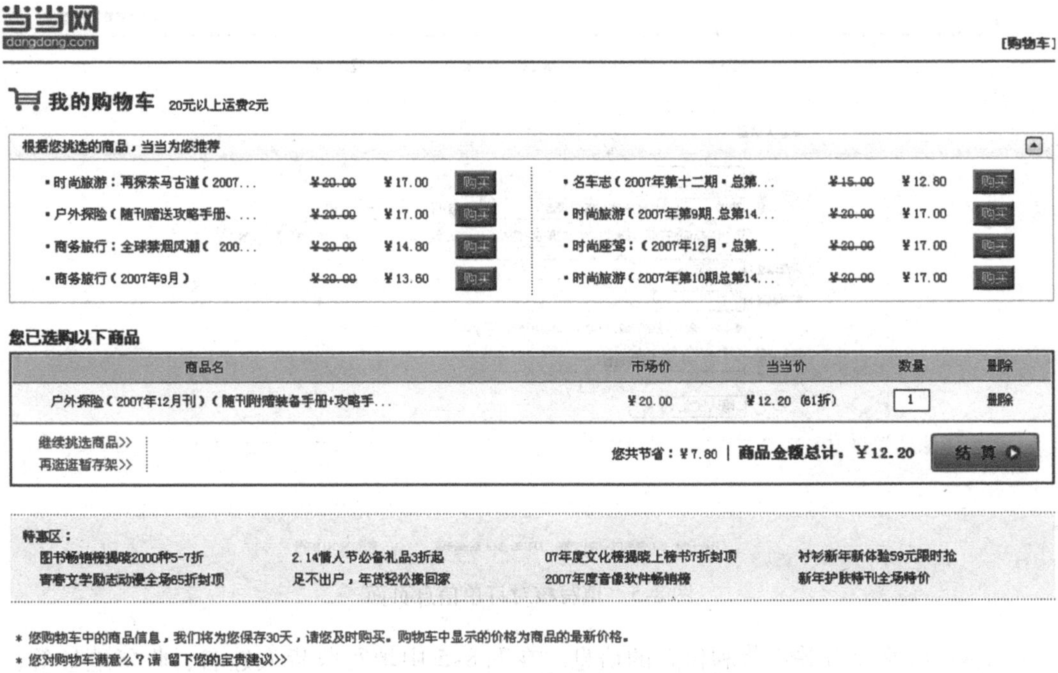

图 8-3 购物车页面

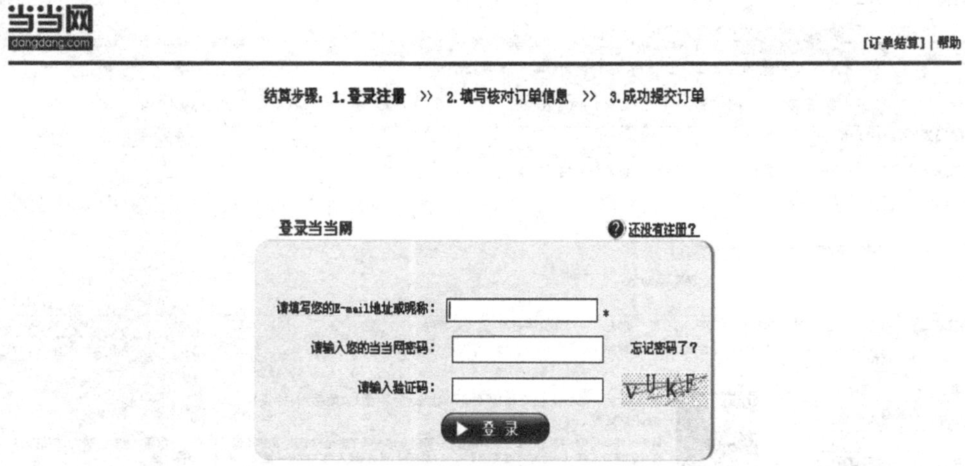

图8-4　用户登录页面

3）如果您已在当当注册过，那么直接登录即可。如果还没有注册，那么需要先注册才能进行下一步的工作。注册在下一小节中介绍，这里假设已注册直接登录。填写完E-mail和登录密码后，单击“登录”按钮，将自动弹出填写核对订单信息页面，如图8-5所示。

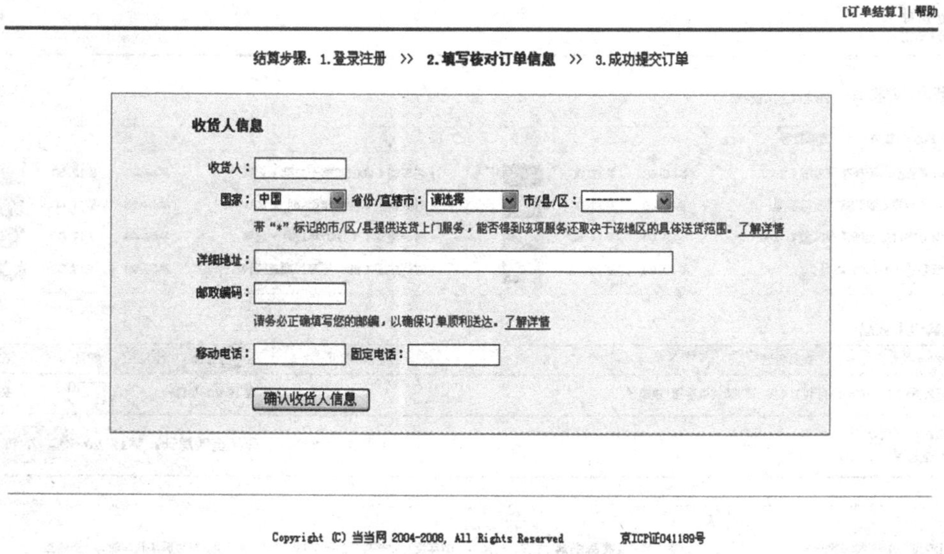

图8-5　填写核对订单信息页面

4）填写或修改有关送货和付款的信息。在图8-5中填写收货人姓名、收货地址等，填写完毕后，单击最底下的“确认收货人信息”按钮，会弹出如图8-6所示的页面，选择送货方式后单击“确认送货方式”按钮，会弹出如图8-7所示的页面，在其中填写付款方式，单击最底下的“确认付款方式”按钮即可生成订单，如图8-8所示。

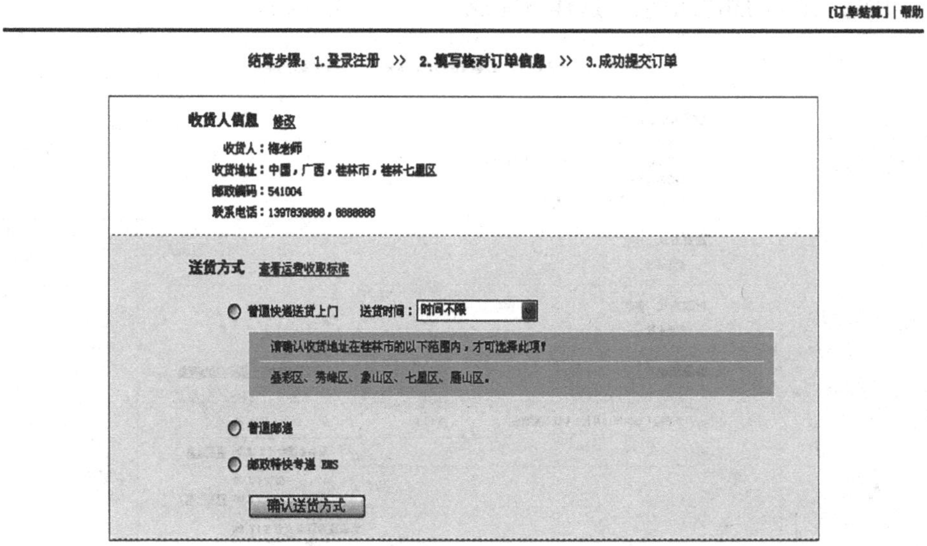

图 8-6 确认送货方式页面

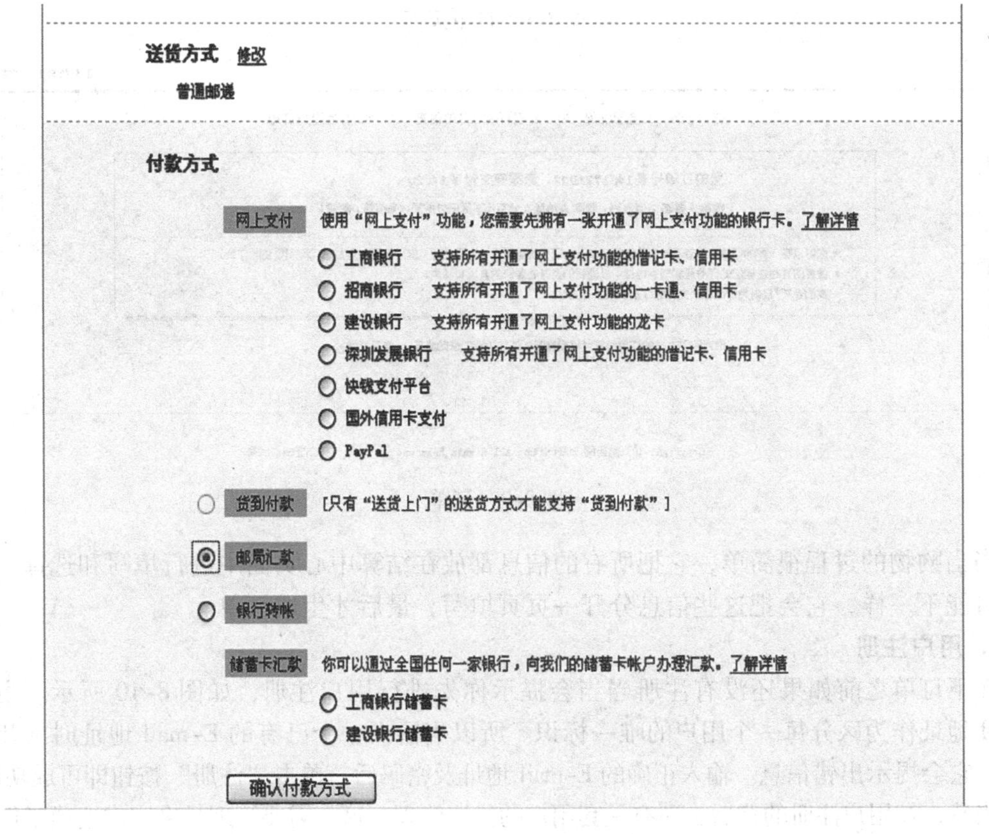

图 8-7 确认付款方式页面

5）显示订单。单击图 8-8 中最底下的“提交订单”按钮，会弹出如图 8-9 所示的页面。根据所选的付款方式的不同，显示的界面会有所不同，但都会提示你订单生效及显示你的订单号和你所填写的相关信息。这样就完成了一次当当购物。

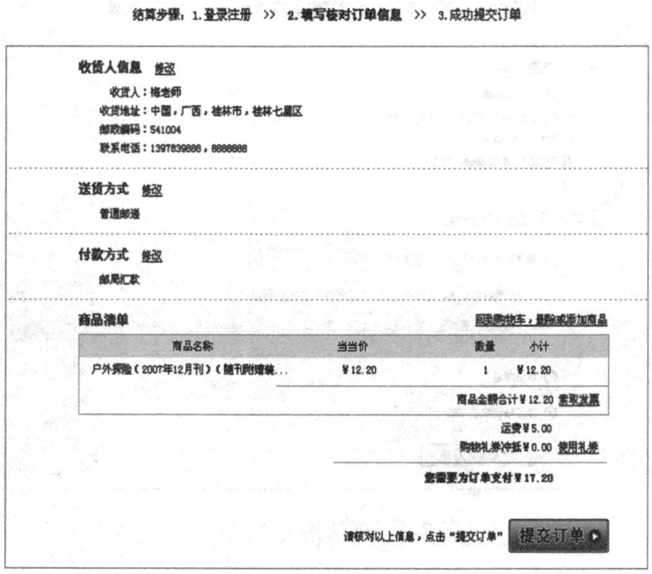

图 8-8　订单页面

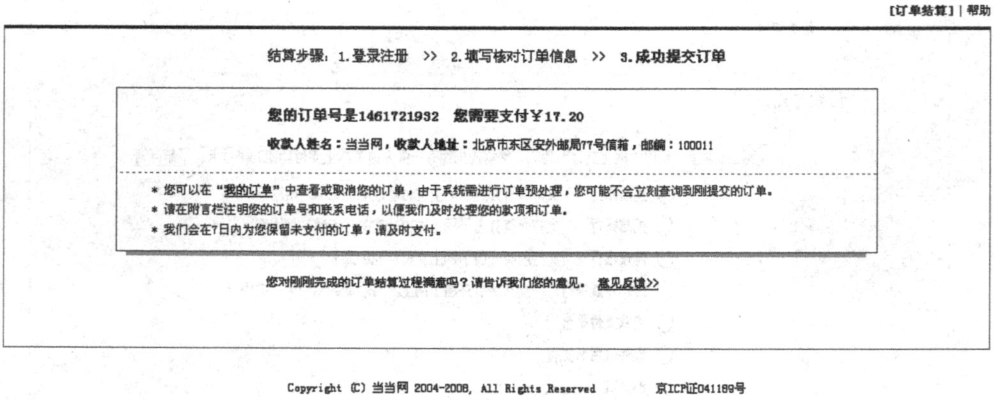

图 8-9　订单

当当购物的过程很简单，它把所有的信息都放在结算中心页面中进行填写和选择。有的站点可能不一样，它会把这些信息分开一页页填写，最后才生成订单。

3. 用户注册

在下订单之前如果还没有注册当当会提示你先进行用户注册，如图 8-10 所示。当当以 E-mail 地址作为区分每一个用户的唯一标识。所以当输入一个已有的 E-mail 地址时就相当于重名，它会提示出错信息。输入正确的 E-mail 地址及密码后，单击“注册”按钮即可成功注册。

当然，在用户注册的背后，还有一套用户的注册管理，这就需要管理员来完成这项工作了。

4. 订单查询

下了一个订单之后，便可通过“我的账户”来查询订单的情况。在当当主页上单击最上角中间“我的账户”按钮。将弹出订单管理页面，如图 8-11 订单管理页面所示。

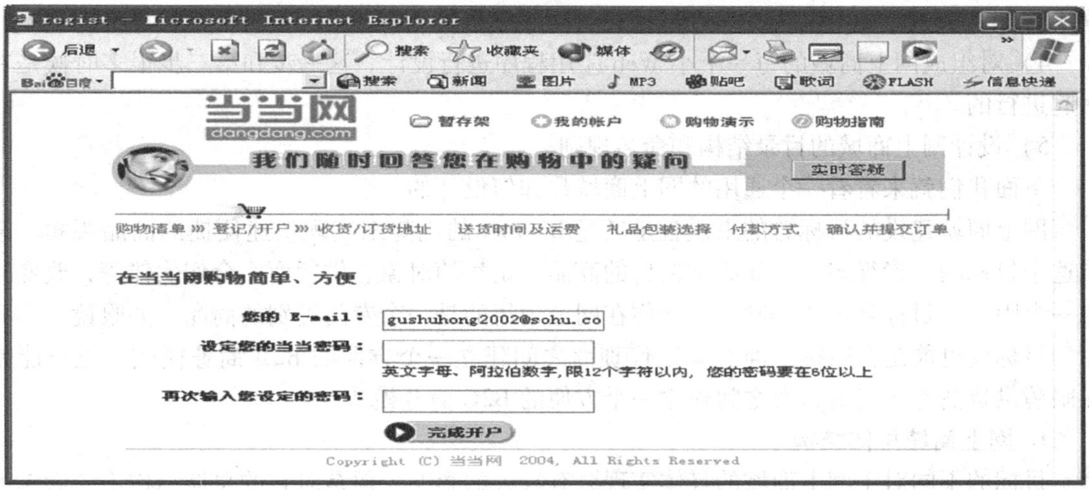

图 8-10　用户注册

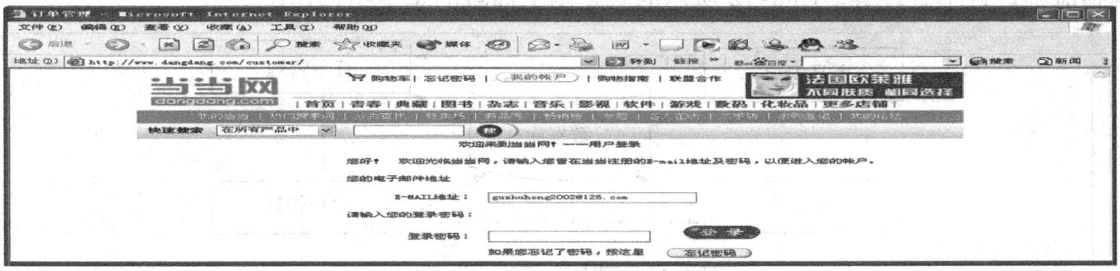

图 8-11　订单管理页面

在这个页面中输入您注册的 E-mail 和密码，登录之后即可看见您所有订单的情况。

您所看到的只是用户对订单所能做的查询操作，而实际还有很大部分的订单管理工作，那只能靠管理员才能完成了。

5. 发货过程

发货过程与用户无关，当用户付款之后，当当根据订单通知送货部门送货。如果库存中没有这个商品，当当还可能直接通知出版商，然后发货。这一系列的过程也都是一个电子商务站点不可缺少的部分。

二、网上商城总体设计

通过对当当的分析，下面就来看看如何设计一个网上商城。在前面也提过，网上商城其实就是一个大型的 Web 应用程序，所以它也遵循 Web 应用程序的设计步骤。

1）首先提出该商城的建设目标，也就是给该网上商城进行定位。

2）将网上商城分为若干个相对独立的小 Web 应用程序，如用户注册、商品管理、购物流程实现、订单管理等，并画出各个小应用程序之间的关系图。

3）规划和建立数据库。因为网上商城是个大型的 Web 应用程序，所以它不像用户注册那样只需一个表即可，它的数据库很可能是由很多复杂的表构成的关系数据库。所以不仅需要大型数据库服务器的支持，而且更需要的是具有丰富的数据库建设经验的人来设计这个数据库。

4）对组成网上商城的每一个小 Web 应用程序进行设计。这一步和第三步很多时候是在一起进行的。

5）设计网上商城的目录结构和命名规则。

下面我们就来看看一个通用的网上商城是如何设计的。

网上商城建设的目标总的来说就是通过 Internet 的优势来实现快速便捷的商品买卖。影响这个目标的因素很多，比如商城销售的商品、销售的对象、供货商、合作伙伴等，改变其中一个因素，目标就可能不同。比如你在网上销售的是一个专门类别的商品，如眼镜，那么你的目标就可能是在眼镜厂商和眼镜代理商之间建立一个方便的 B2B 商务模式，也可能是在眼镜供货商和普通消费者之间建立一个方便的 B2C 商务模式。

1. 网上商城总体结构

目标的不同对于网上商城的具体实现会有较大的影响，但是对它的总体结构不会影响太大。因为网上商城无论怎么做，总有一些固定的 Web 应用程序，如用户管理、商品管理、购物流程、订单管理等。图 8-12 所示的就是网上商城的基本结构模型。

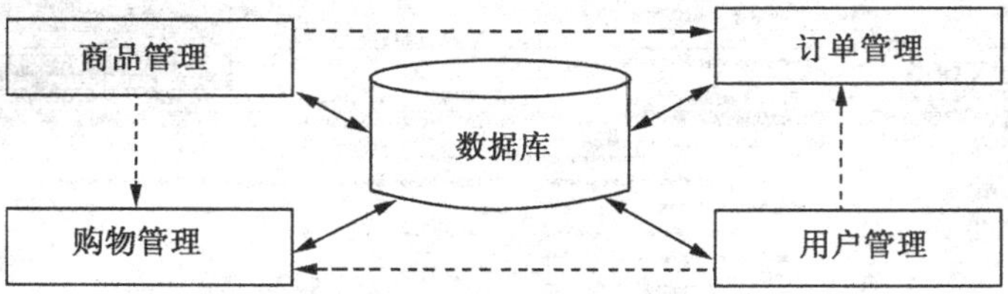

图 8-12　网上商城的总体结构

从这个图中不难看出以下几点（以下将每一个小 Web 应用程序称为模块）：

网上商城有多个组成模块，如数据库、用户管理、商品管理等。

数据库是核心，也是连接各个模块的纽带。每个模块都需要在数据库中建立自己的表。

每个模块相对独立，可以独立完成一个功能。如购物管理用来实现网上购物的流程。用户管理用来实现用户注册和登录。

每个模块之间紧密联系，不可或缺。如购物管理和订单管理都需要记录商品信息和用户信息。

2. 网上购物流程

除了通过关系数据库将各个模块联系在一起之外，各个模块之间还有一定的先后关系。如图 8-13 所示的就是用户网上购物的一个完整流程。

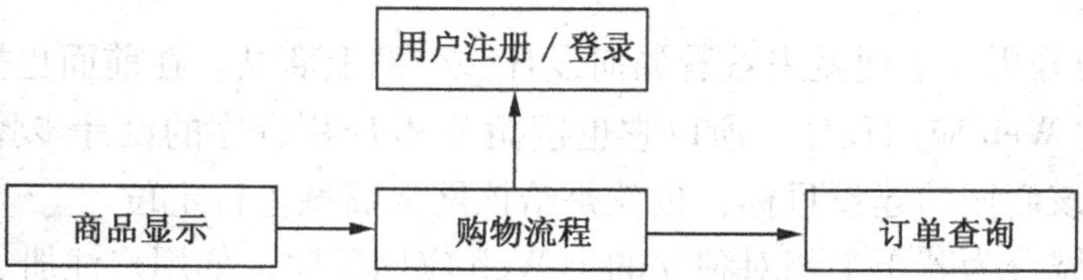

图 8-13　用户网上购物的完整流程

首先是商品显示，即将商品按各种形式显示出来。用户通过商品显示选择好欲购的商品之后，进入购物流程，最后生成订单。生成订单后，可通过订单号或其他信息来查询订单的处理情况。另外，在购物流程中还可能需要先登录（如果是新用户，还需要先注册后登录），然后才能购物。

3. 具体模块设计

各个模块也不是一步就能完成的，它们同样包含很多子模块。比如用户管理就包含用户注册、用户登录及用户管理等子模块。每个子模块又由很多更小的模块组成，这就是模块化的设计思想。模块化使得一个庞大复杂的应用化为多个短小简单的应用之和。

网上商城中一个完整的业务流程很可能是由不同模块的子模块按一定先后顺序组成的，比如图 8-10 所示的用户网上购物流程，就是由商品显示、用户登录、购物和订单查询四个子模块先后组成的。

通过上面的介绍，不难发现网上商城其实就是一个大型的 Web 应用程序，如果用模块化的思想将其分解成一个个相对独立的小模块，那么它看起来也不是那么复杂，设计好了实现起来就很简单。除了数据库设计较难之外，其余的两个关键技术分别为网页制作和动态网页技术。所以在制作像网上商城这样大型的 Web 应用程序时，不要急于求成，一定要先掌握最基本的知识。

知识检验

一、判断题

1. 网上商城其实就是一个大型的 Web 应用程序。(　　)

2. 如果您在网上销售的是一个专门类别的商品，如眼镜，那么您的目标就可能是在眼镜厂商和眼镜代理商之间建立一个方便的 B2C 商务模式，也可能是在眼镜供货商和普通消费者之间建立一个方便的 B2B 商务模式。(　　)

3. 网上商城有多个组成模块，如数据库、用户管理、商品管理等。数据库是核心，也是连接各个模块的纽带。每个模块都需要在数据库中建立自己的表。每个模块不可以独立完成一个功能。(　　)

4. 网上商城中一个完整的业务流程很可能是由不同模块的子模块按一定先后顺序组成的。(　　)

二、简答题

1. 登录海尔公司网站，评价其网站设计有哪些特点？

2. 请在网上找出几个可以发布商业广告的商务网站、BBS、新闻组或者网络社区，了解它们的有关使用方法和条件。如果有可能，请帮助某个企业发布几条免费广告。

课题三　技能训练

任务描述

1）注册转运网站：http：//www. 360hitao. com/。

2）注册 6pm. com。

3）购买一双鞋。

任务目的

初步了解海淘步骤，特别是转运。

任务实施

登录 http：//www. 6pm. com/。6pm. com 是美国的一家购物网站，主力商品为鞋子，同时也卖衣饰与电器用品，是由华裔创业家谢家华（Tony Hsieh）与林君睿（Alfred）建立的。是一个专门卖清仓打折商品的网站，不能直邮中国。先去网上找一个转运公司，注册后，将所买东西的地址填转运公司地址。转运公司收到后发到中国。然后结算用信用卡支付就可以了。

温馨小提示：利用Baidu翻译，可以把上面的网页翻译成中文：

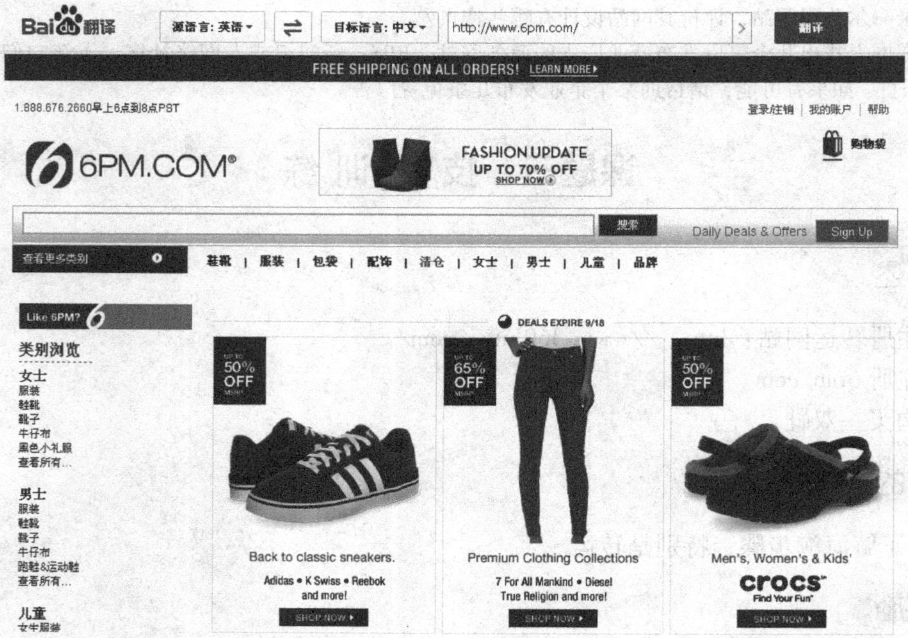

1）注册。

01 注册6PM账户
示例
1.888.676.2660 6am - 8pm PST
Log In or Register | My Account | Help | Create a New Password
1.1 单击注册
6PM.COM
It's time to get your brand fix!
PUMA UP TO 70% OFF
Shopping Bag
6PMBrandaholics
Rewards Program Learn More
Log In or Register for a 6pm.com Account
I'm A Returning Customer
Email Address:
Password:
Remember, your password is case sensitive.
I'm A New Customer
Track your orders online
View your order history
Save your shipping and billing information and more
Create an Account
1.2 点击创建新账号
360hitao.com
Global shopping starts here

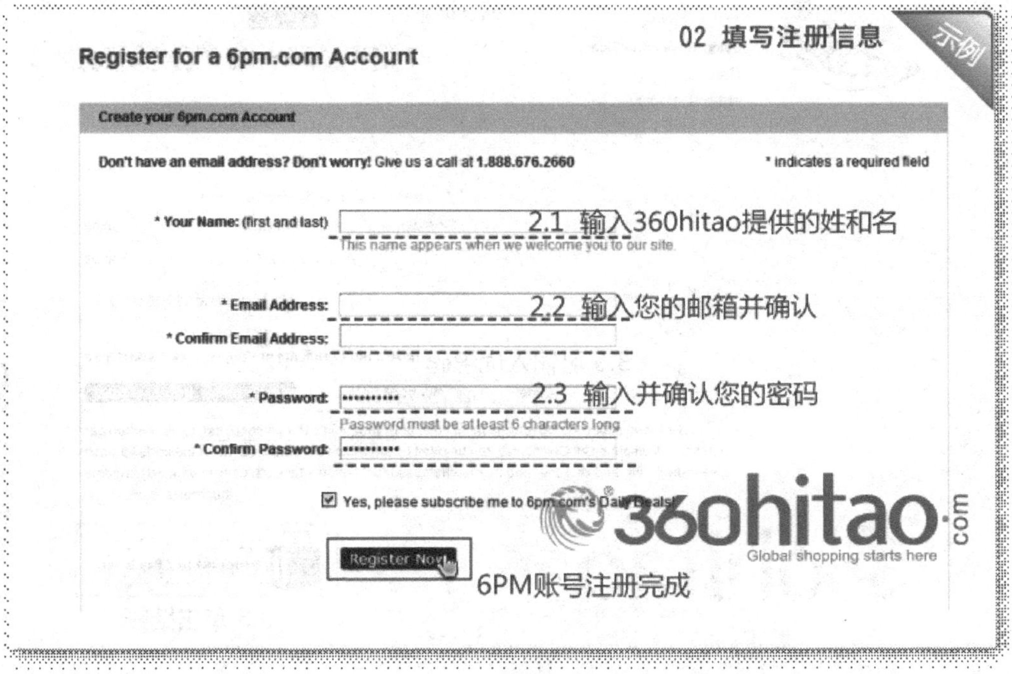
02 填写注册信息
示例
Register for a 6pm.com Account
Create your 6pm.com Account
Don't have an email address? Don't worry! Give us a call at 1.888.676.2660
* indicates a required field
* Your Name: (first and last)
2.1 输入360hitao提供的姓和名
This name appears when we welcome you to our site.
* Email Address:
2.2 输入您的邮箱并确认
* Confirm Email Address:
* Password:
2.3 输入并确认您的密码
Password must be at least 6 characters long
* Confirm Password:
Yes, please subscribe me to 6pm.com's Daily Deals!
Register Now
6PM账号注册完成
360hitao.com
Global shopping starts here

2）购物。

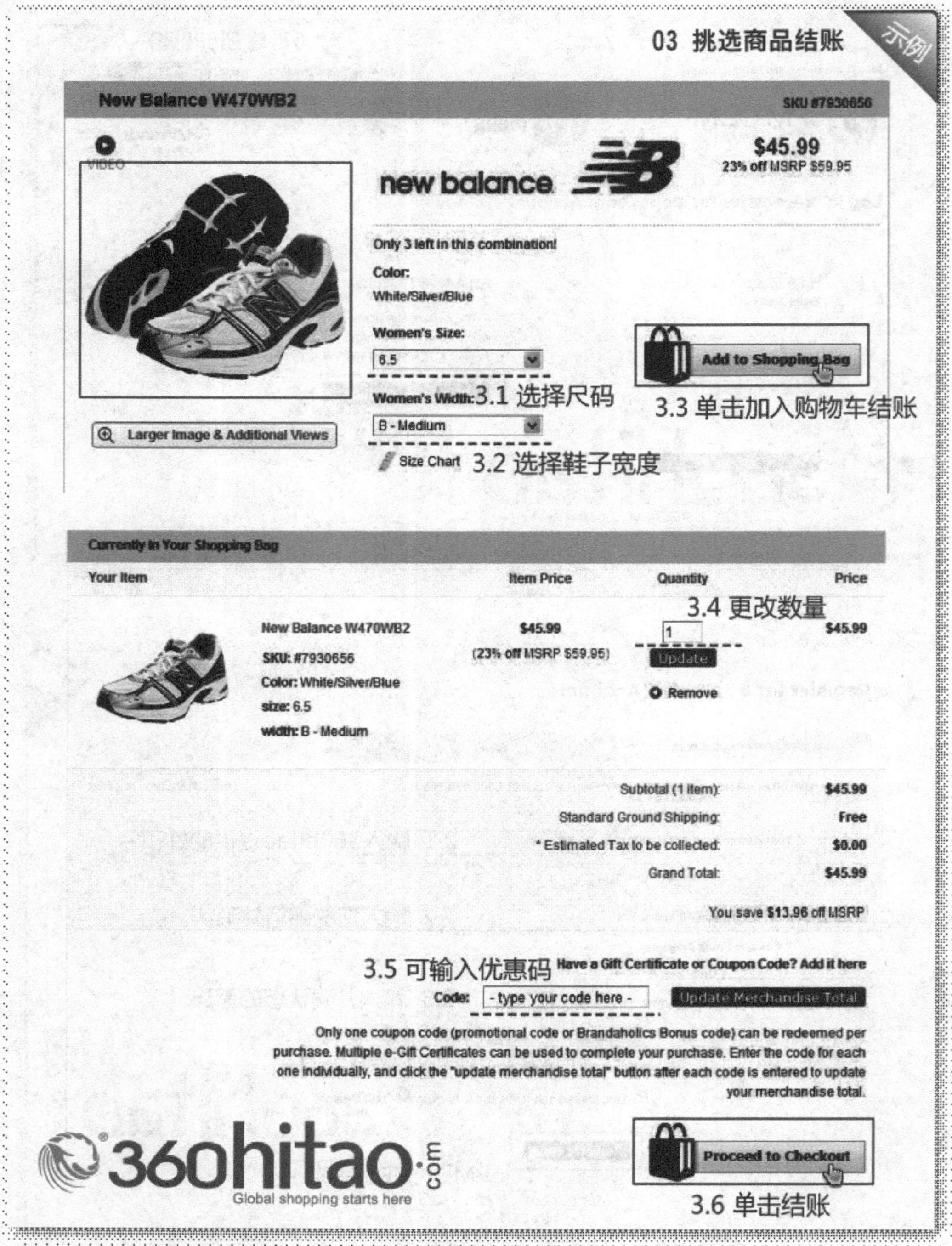
03 挑选商品结账
示例
New Balance W470WB2
SKU #7930656
VIDEO
$45.99
23% off MSRP $59.95
new balance
Only 3 left in this combination!
Color:
White/Silver/Blue
Women's Size:
6.5
Add to Shopping Bag
Women's Width:
3.1 选择尺码
3.3 单击加入购物车结账
Larger Image & Additional Views
B - Medium
Size Chart
3.2 选择鞋子宽度
Currently in Your Shopping Bag
Your Item
Item Price
Quantity
Price
3.4 更改数量
New Balance W470WB2
$45.99
$45.99
SKU: #7930656
(23% off MSRP $59.95)
Update
Color: White/Silver/Blue
Remove
size: 6.5
width: B - Medium
Subtotal (1 item): $45.99
Standard Ground Shipping: Free
* Estimated Tax to be collected: $0.00
Grand Total: $45.99
You save $13.96 off MSRP
3.5 可输入优惠码
Have a Gift Certificate or Coupon Code? Add it here
Code: - type your code here -
Update Merchandise Total
Only one coupon code (promotional code or Brandaholics Bonus code) can be redeemed per purchase. Multiple e-Gift Certificates can be used to complete your purchase. Enter the code for each one individually, and click the "update merchandise total" button after each code is entered to update your merchandise total.
360hitao.com
Global shopping starts here
Proceed to Checkout
3.6 单击结账

04 输入360hitao收货地址提交订单
示例
Your Shipping Address
* indicates a required field
* Name (first and last):
4.1 输入360hitao提供的姓和名（用空格隔开）
* Phone Number:
4.2 输入360hitao提供的电话
* Shipping Address:
4.3 输入360hitao提供的地址
street address, P.O. box, company name, c/o
Shipping Address Continued:
apartment, suite, unit, building, floor, etc.
* City:
4.4 输入360hitao提供的城市
* State:
Please Select
4.5 选择360hitao提供的省份
* Zip:
4.6 输入360hitao提供的邮编
Save this shipping address for future orders.
Your Shipping Options
All shipping options are based on a flat rate regardless of the order size.
We ship to all US States, Territories, and Military addresses.
Standard Shipping (5-10 business days) - FREE!
USPS Shipping (5-10 business days) - FREE!
2-Business Day Shipping - $15.00
1-Business Day Shipping - $25.00
4.7 选择美国国内运输方式
* Please note that we are unable to guarantee shipment by any specific courier; an alternative may be selected to ensure on-time delivery. Most orders are shipped via UPS (United Parcel Service), but we may also use USPS or FedEx as needed. Questions? Please contact us.
Your Payment Information
Your order will be processed on our secure servers.
* indicates a required field
Do You Have an International Payment Type?
* Name: (first and last)
4.8 输入信用卡姓名拼音
(as it appears on your payment type)
4.9 选择信用卡类型
* Payment Type:
Visa
* Card Number:
4.10 输入信用卡号
* Expiration Date:
06
2012
4.11 输入信用卡有效期
Enter Your Billing Address As It Appears On Your Payment Type
Note: Your order will be delayed if your billing information does not match what your bank or credit card issuer has on file.
注意在填写账单地址时填写国内真实地址，账单地址中州名选项选择“AA”邮编填写“11111”，不按要求填写账单地址可能导致被取消订单。
Same as my shipping address.
* Phone Number:
4.12 输入信用卡账单地址的电话
* Billing Address:
4.13 输入信用卡账单地址
street address, P.O. box, company name, c/o
Billing Address Continued:
apartment, suite, unit, building, floor, etc.
* City:
4.14 输入信用卡账单地址的城市
* State:
AA
4.15 州名选择“AA”
* Zip:
11111
4.16 邮编填写 11111
Save this payment information for future orders.
Your Order Summary
Your Item
Item Price
Quantity
Price
New Balance W470WB2
SKU: #7930656
Color: White/Silver/Blue
size: 6.5
width: B - Medium
$45.99
(23% off MSRP $59.95)
1
$45.99
Subtotal (1 item): $45.99
Standard Ground Shipping: FREE
* Tax to be collected: $0.00
Grand Total: $45.99
You save $13.96 off MSRP
Complete Your Order
4.17 提交订单
Submit My Order
Please press "Submit My Order" only once.
Your payment method will be charged.
购物订单提交成功
360hitao.com
Global shopping starts here

任务相关资料记录

1. 学生注册的“6pm”账号：____________，密码____________。
2. 注册转运公司账号：____________，密码____________。
3. 从转运公司360hitao获得转运公司在美国的仓库地址：____________。
4. 准备好一张双币信用卡。

任务评价

任务编号			学时		学生姓名			总分	
类别	序号	评价项目	评价内容及要求	评价标准	配分	学生自评	学生互评	教师评价	得分
岗位技能评价	1	注册360 hitao	能够注册	不会注册无分	10				
	2	转运公司在美国的仓库地址	地址、电话、姓名各个项目明确	不符合公文要求减分	20				

（续）

任务编号		学时		学生姓名		总分	

类别	序号	评价项目	评价内容及要求	评价标准	配分	学生自评	学生互评	教师评价	得分
岗位技能评价	3	注册6pm	能够注册	不会注册无分，会注册一部分减分	30				
	4	搜索商品，下订单	能够搜索正确的目标，并下订单	不会搜索无分，会搜索一部分减分	20				
	5	双币信用卡	账号、末三位号码等各个项目明确	不能明确无分	10				
	6	完成时间	按时完成任务	不按时完成无分	10				
职业素质评价	7	安全生产	遵守设备（计算机实训室）安全操作规程	不遵守有关规定扣1~5分					
	8	文明生产	遵守实训室卫生文明规则	不遵守有关规定扣1~5分					
	9	沟通交流	积极主动性强	不积极沟通扣1~5分					

注：按学生自评占20%、学生互评占30%、教师评价占50%计算总分。

任务小结

授课班级		授课时间		授课地点	
授课教师			任务名称		
学生表现					
存在问题及改进方法措施					

任务拓展

1. 网上购票

1）2016年3月12日，假设你在桂林“华星电子科技公司”工作。公司派你3月19日去上海出差。请按照下列要求，完成出差前的准备工作。

利用____________网站，搜索该日最优惠的飞机票，并预订（预订机票的资料图片请抓图，粘贴在此）。

答：

2）如果飞机票太贵，不符合公司出差标准，要求乘坐火车。请利用搜索引擎查询桂林至上海的火车车次，有没有直达列车？有什么车次？要多少时间？硬卧要多少钱？

答：

3）在____________________网站，购买该日火车票，并预订（预订火车票的资料图片请抓图，粘贴在此）。

答：

4）利用搜索引擎搜索“图行天下”网站（http：//www.go2map.com/），寻找上海（火车）南站、东方明珠。通过公交换乘搜索，了解从上海（火车）南站到东方明珠有哪些公交路线？最方便的是哪一条？

在网上预定“东方明珠”附近的一家酒店。写下网站网址________。

答：

2. 出差前的准备工作

2016年3月19日，假设你在桂林“联接科技股份公司”（地址：桂林漓江路6号）工作。公司派你4月19日去越南胡志明市出差。请规划你出发前的准备工作。

1）如果要办理护照，是在公安局出入境管理处么？应该怎么办？

答：

2）护照办理的具体地点？通过电子地图，你能够自己去那么？截图，粘贴在下面。

答：

3）需要准备的材料有什么？多少时间可以办理好？

答：

4）你计划如何到胡志明市？请查询飞机票，并预定一张飞机票。截图，粘贴在下面。

答：

5）越南语“你好”怎么说？

答：

6）预定一家酒店，地址（可以在 http：//www.agoda.com；http：//www.hotelclub.com 上预定）。截图，粘贴在下面。

答：

参 考 文 献

[1] 刘春青. 电子商务技能实训教程［M］. 北京：科学出版社，2012.

[2] 詹宏. 电子商务原理与实务［M］. 2版. 上海：华东师范大学出版社，2008.

[3] 贾晓丹，电子商务综合实训［M］. 北京：中央广播电视大学出版社，2008.

[4] 劳动和社会保障部，中国就业培训技术指导中心. 国家职业资格培训教程电子商务师［M］. 北京：中央广播电视大学出版社，2002.

[5] 宋文官. 电子商务实用教程［M］. 北京：高等教育出版社，2002.

[6] 张铎，林自葵. 电子商务与现代物流［M］. 北京：北京大学出版社，2002.

[7] 中国商业技师协会，市场营销专业委员会，职业教育专业委员会. 现代物流管理基础与实务［M］. 北京：科学出版社，2003.

参考文献

[1] [illegible]
[2] [illegible]
[3] [illegible]
[4] [illegible]
[5] [illegible]
[6] [illegible] 北京：[illegible]
[7] [illegible]